3.11と弁護士
震災ADRの900日
Alternative Dispute Resolution

仙台弁護士会紛争解決支援センター 編

一般社団法人 金融財政事情研究会

刊行にあたって

　この度，仙台弁護士会は，東日本大震災に起因する紛争の解決手段「震災ADR」における解決事例を紹介するとともに，震災ADR立ち上げまでの経緯や統計情報等を掲載した『3.11と弁護士：震災ADRの900日』を発刊することといたしました。

　平成23年3月11日の東日本大震災を体験した被災地の弁護士は，震災に起因した紛争の解決に積極的に取り組みたいという思いを共有したはずです。裁判によらない紛争解決手続を一般にADRと呼びますが，ADRは弁護士・弁護士会の取り組みによって直ちに実施可能なものです。また，震災に起因する紛争は，たとえば近隣紛争など，裁判によらず話し合いによって解決するのが望ましい案件が多いのも事実です。このような思い・認識が結実し，震災ADRは，東日本大震災発生からおよそ1カ月後の平成23年4月20日にスタートしました。

　震災ADRでは，申立手数料の無料化，成立手数料の減額，書面によらない申立ての許容と申立サポート制度の導入，被災地に出向いての示談あっせん手続の奨励など，被災者が紛争解決のために震災ADRを利用しやすいような枠組みを積極的に取り入れました。結果的に震災ADRには極めてたくさんの申立てがなされ，そのうちの多くが和解解決に至りました。

　災害に起因してどのような紛争が発生したのか，その紛争はどのように解決されたのか，本書はまさに実際の解決事例と解決に至るプロセスを紹介するものであり，法律実務家はもとより防災担当の公務員，企業関係者などにも活きた教材となるはずです。

　本書の解決事例は，仙台弁護士会紛争解決支援センターの仲裁人らが，その他の部分は，同センター運営委員会の委員が主に執筆しました。仲裁人のコメントを付して紹介した事案につきましては，全て当事者あるいは代理人

から書籍掲載の承諾をいただきました。

　最後に，日本弁護士連合会・仙台弁護士会に対し，多額の義援金が寄せられました。寄せられた義援金の一部は震災ADR運営のための経費とさせていただきました。このような義援金がなければ，震災ADRの運営は到底できなかったと思われます。義援金を送付していただいた皆様に対しまして，この場を借りてお礼申し上げます。本書によって，大災害発生後の民事紛争の解決のためにADRという制度が有用であるという認識が深められ，今後，不幸にも大災害が発生した地域において，本書が震災ADRの立ち上げや震災関連紛争の解決等の参考になれば幸いです。

　平成25年7月

仙台弁護士会　会長
内田正之

はしがき

　平成23年（2011年）3月11日に発生した東日本大震災に関連して様々なトラブルが生じました。賃貸借関係や建物の倒壊・漏水といった近隣トラブル，津波被害，労働問題，行政とのトラブルなど，その内容は実に多種多様です。

　そのようなトラブルの解決方法の1つにADR（Alternative Dispute Resolution「裁判外紛争処理手続」と訳されています）があります。仙台弁護士会では，平成18年（2006年）4月1日に仙台弁護士会紛争解決支援センターを開設し，ADRが少しでも市民生活に根付くよう運営して参りましたが，東日本大震災の発生を機に「震災ADR」を新たに設け，これまで499件（平成25年（2013年）6月30日現在）の事件に取り組み多くの震災関連のトラブルの解決を図ってきました。

　本書では，実際に震災関連の紛争解決のために震災ADRが利用された事例についてご紹介いたします。本書で紹介されている事例を通じて，紛争解決の1つのツールとしてのADRという手続について，その流れや実際の内容を知り，具体的なイメージを持っていただければ幸いです。

　また，もしも近い将来，東日本大震災のような大震災が発生した場合，どのような紛争が生じ，被災当事者はどのような苦悩と希望を持つのか，震災事案での紛争解決のポイントは何か，迅速性・専門性がどう求められるか，そして紛争解決のためにはどのような法的考察・判断が必要となるのかを知っていただくことで，「復興」の一助になると思い，本書の出版に至りました。もちろん，震災関連のトラブルに限らず，実際に日常生活の中でトラブルに直面してしまった場合にも，話し合いによる円満な解決へ向けて，本書で紹介されている解決事例が非常に参考になると思います。ただし，事例については個人情報や企業情報の保護のため事実を一部抽象化しており，担当した仲裁人等（執筆者）も個別には明記しておりません。

最後に，本書の発刊にあたり，本書の趣旨をご理解いただき事例紹介にご同意いただいた紛争当事者の皆様と，読者の視点から幾多の有益な助言をいただき発刊まで辛抱強く支えて下さった金融財政事情研究会の池田知弘さんに心より感謝申し上げます。

　平成25年（2013年）7月

　　　　　　　仙台弁護士会紛争解決支援センター運営委員会　運営委員
　　　　　　　　　　　　　　　　　　　　　弁護士　**押見和彦**

仙台弁護士会紛争解決支援センター運営委員会一覧

氏　名	平成23年役職名	平成24年役職名	平成25年役職名	備　考
安部修司	委員（幹事）			現岩手弁護士会
阿部弘樹	事務局長	副委員長	担当副会長	
飯野雄士	員外幹事			
石井彦壽			委員	現職
石川和美	委員			
石田憲司	委員	委員	委員	現職
泉山禎治	委員	委員	委員	現職
伊藤敬文	委員（幹事）	委員	委員	現職
伊藤薫徳	員外幹事			
井口直子	委員	委員	委員	現職
今泉裕光	委員		委員	現職
梅森嘉匡			委員	現職
遠藤優介		委員		
大張慎悟	委員	委員	委員	現職
岡崎貞悦	委員	委員	委員	現職
押見和彦	委員（幹事）	委員	委員	現職
小野寺信一	委員	委員	委員	現職
小山田一彦	委員	委員	委員	現職
上林　佑	委員	委員	委員	現職
亀山愛子	委員	委員（幹事）	委員	現職
菅野　修	委員	委員	副委員長	現職
菊地　秀		委員	委員（幹事）	現職
木原　知	委員	委員（幹事）	委員（幹事）	現職
工藤大樹			委員	現職
熊谷優花	委員			
倉林千枝子	委員	委員	委員	現職
栗原さやか		委員		

氏　名	平成23年役職名	平成24年役職名	平成25年役職名	備　考
小林　聖			委員	現職
斉藤睦男	委員長	委員	委員	現職
坂本　仁	委員	委員（幹事）	委員（幹事）	現職
佐々木寅男	委員	委員		
佐藤あすか	委員（幹事）	委員		現岩手弁護士会
佐藤朋紀		委員		現岩手弁護士会
鈴木　貴		委員	委員（幹事）	現職
関野　純		委員	委員	現職
髙橋春男	委員			
竹内　豊			委員	現職
玉山直美	委員	委員		
千葉晃平	委員	委員		
豊田耕史	副委員長	委員長	委員長	現職
長澤　弘	委員	委員	委員	現職
中田孝司	委員	委員	委員	現職
中村彰二	委員			
長谷川　剛		委員		
檜山公夫	委員			
堀井実千生	委員			
本田直之	委員	委員	委員	現職
前田大輔	委員（幹事）	委員（幹事）	委員	現職
松坂英明		委員	委員	現職
三橋要一郎	委員	委員	委員（幹事）	現職
宮部　剛	委員	事務局長	事務局長	現職
宮本洋一			委員	現職
村田知彦	委員	委員	委員	現職
森本裕己	委員	委員		
山田大仁	委員	委員（幹事）	委員	現職
山谷澄雄	委員	委員	委員	現職

編集委員・執筆者一覧

【編集委員】

阿部弘樹	木原　知	竹内　豊
伊藤敬文	工藤大樹	豊田耕史
梅森嘉匡	斉藤睦男	本田直之
押見和彦	坂本　仁	前田大輔
亀山愛子	鈴木　貴	宮部　剛
菊地　秀	関野　純	山田大仁

【事例執筆者一覧】

阿部弘樹	小山田一彦	佐々木寅男
石田憲司	鎌田健司	佐藤靖祥
泉山禎治	亀田紳一郎	三瓶　淳
犬飼健郎	亀山愛子	須藤　力
浦井義光	木坂理絵	十河　弘
大橋洋介	日下俊一	髙橋春男
岡崎貞悦	草場裕之	豊田耕史
小野純一郎	齋藤信一	野呂　圭
小野寺信一	齋藤　哲	前田誓也
小野寺友宏	佐川房子	松坂英明

＊50音順。いずれも仙台弁護士会所属

目　次

刊行にあたって
はしがき
仙台弁護士会紛争解決支援センター運営委員会一覧
編集委員・執筆者一覧

序　章　震災ADRの概要 …………………………………… 阿部弘樹　1

第1部　震災ADR事例紹介

第1章　賃貸借関係の紛争 …………………………………………… 16
　1　建物賃貸借の紛争①：賃料の減額
　　ケース1　納戸・窓ガラス破損による生活上の不便と損害額の算定　16
　　ケース2　倒壊の危険性による解約　19
　　ケース3　台所等の損壊による損害　24
　2　建物賃貸借の紛争②：建物明渡しと立退料
　　ケース4　家屋滅失と建物賃貸借契約の解約　29
　　ケース5　退去時の原状回復義務および敷金の返還　31
　　ケース6　大規模半壊による退去の可否　36
　　ケース7　「全壊」と「滅失」の関係および賃貸人の修繕義務　42
　　ケース8　全壊建物の明渡請求　46
　　ケース9　修繕が不可能な物件における損害の算定　50
　　ケース10　修繕が不可能な物件における明渡請求　54
　3　土地賃貸借の紛争
　　ケース11　建物周囲の損傷における補修義務の有無　56

第2章　建設物の倒壊等による相隣関係の紛争　　60
1　家屋損壊による紛争
　　ケース12　屋外駐車場の自動車への建造物の落下　**60**
　　ケース13　外壁の落下による建築物の損傷　**63**
　　ケース14　余震による落下物防止義務の有無　**65**
2　土地の液状化などによる紛争
　　ケース15　隣地からの流水と液状化　**68**
3　その他の工作物の倒壊による紛争
　　ケース16　ブロック塀の倒壊による損害①　**71**
　　ケース17　ブロック塀の倒壊による損害②　**75**
　　ケース18　擁壁の倒壊による損害　**76**
4　漏水事例
　　ケース19　閉栓忘れによる漏水による損害　**80**
　　ケース20　水槽の転倒による損害　**86**
　　ケース21　マンション上階からの漏水による損害①　**88**
　　ケース22　マンション上階からの漏水による損害②　**90**
　　ケース23　地下における漏水の損害　**92**

第3章　津波被害（目的物の消失）の紛争　　96
　　ケース24　引渡前の自動車に対するローン　**96**
　　ケース25　引渡後の建築請負工事代金の支払　**98**
　　ケース26　津波による寄託物の流出①：時計のケース　**102**
　　ケース27　津波による寄託物の流出②：自動車のケース　**104**

第4章　労働関係の紛争　　108
1　内定取消し
　　ケース28　震災後の内定取消し　**108**
2　業務中の災害
　　ケース29　津波による業務中の従業員の死亡　**110**

第5章　行政との間の紛争　　116
　　ケース30　地方公共団体の復旧作業による漁船の損傷　**116**
　　ケース31　道路の設置管理における瑕疵と過失相殺　**121**

第6章　その他の契約関係の紛争……127
　1　震災により瑕疵が明らかとなった事例
　　ケース32　耐震性に優れたことを謳った住宅の損害　**127**
　　ケース33　建物付帯設備の転倒による損害　**130**
　2　震災後の補修工事が不完全な事例
　　ケース34　震災後の修繕工事における瑕疵　**133**
　　ケース35　被災者生活再建支援事業補助金の取扱い　**136**
　3　債務の減免を求めた事例
　　ケース36　保証人死亡時の任意整理　**138**
　4　震災を理由とする解約トラブル
　　ケース37　被災マンションにおける賃貸借契約の解約　**142**

第2部　震災ADRの現状と課題

第1章　統計と分析……………………………………伊藤敬文　**148**

第2章　「2.5人称の視点」をめぐって
　　　　──臨床法学としてのADR………………………斉藤睦男　**158**

第3章　提　言
　　………………仙台弁護士会プレシンポジウム準備運営プロジェクトチーム　**172**

巻末資料

仙台弁護士会紛争解決支援センター規則…………………………………**180**
仙台弁護士会紛争解決支援センター手続細則………………………………**183**
仙台弁護士会紛争解決支援センター手数料細則……………………………**194**
仙台弁護士会紛争解決支援センター手続細則の特則を定める細則………**196**

あとがき……………………………………………………………………**200**

コラム一覧

- コラム❶ 貸している建物が破損したら？　22
- コラム❷ 借家が壊れた！　まだ住めるの？　35
- コラム❸ 借りた土地・建物の価値はいくら？　40
- コラム❹ 我が家は「全壊」なのに「半損」？（建物の壊れ具合に関する用語）　48
- コラム❺ 大震災後はマンション管理のトラブルが多発する？！　83
- コラム❻ 震災給付いろいろ　100
- コラム❼ こんな事例もありました（その1）
  受領後の弔慰金等を親族間でどう分けるか（異順位の者がいる場合）　114
- コラム❽ 国も賠償責任を負う？　125
- コラム❾ お隣さんのブロック塀が崩れてきた！　どうしよう…
  （民法上の不可抗力）　132
- コラム❿ こんな事例もありました（その2）
  弔慰金等の手続で誰が代表となるか（同順位の者が複数の場合）　141

序章 震災ADRの概要

仙台弁護士会紛争解決支援センター　前事務局長
弁護士　阿部弘樹

1　仙台弁護士会紛争解決支援センターの沿革

　仙台弁護士会の紛争解決支援センター（以下「ADRセンター」という）は平成18年4月1日開設した。「ADR」とは「Alternative Dispute Resolution」の略称であり，「裁判外紛争解決手続」と和訳されるのが通例である。弁護士は「仲裁若しくは和解」という法律事務を本来的業務として行うべき立場にあり（弁護士法72条），裁判という方法以外でも主体的に民事紛争解決を目指すべきとの考えから，平成2年の第二東京弁護士会仲裁センターの設立を皮切りに，順次各弁護士会でADRセンターを設立してきた（平成25年4月30日現在，全国で32の弁護士会がADRセンターを設立している。なお，各ADRセンターの名称は「仲裁センター」「紛争解決センター」「紛争解決支援センター」など様々である）。

　前記のような情勢を踏まえ，仙台弁護士会では，平成18年4月の開設前の2年間，ADR検討特別委員会を設置し，ADRセンターの開設準備を行った。弁護士会ADRのパイオニアである第二東京弁護士会仲裁センター関係者からお話を伺い，その後先進地視察として名古屋弁護士会（現在の愛知県弁護士会），岡山弁護士会，福岡県弁護士会を順次，連続的に訪問させていただいた。この連続訪問における知見が何よりも仙台弁護士会ADRセンター設立のバックボーンとなっている。ADR検討特別委員会の小野寺信一委員長が仙台弁護士会会報に寄せた手記が当時の状況を克明に記している（**参考資料**参照）。

　このような2年間の検討を踏まえ，仙台弁護士会の総会決議を経た上で，

平成18年4月1日に仙台弁護士会ADRセンターは設立された。

　設立後の申立件数の推移は次のとおりである。弁護士会ADRセンターとしては後発であるものの，年間100件前後の申立てをコンスタントに受理してきており活発な活動をしてきたものと自負している。仙台弁護士会ADRセンター設立後は，「仲裁・仲裁人の質の向上」がADR発展の鍵になると考え，様々な検討を行っているところである。この点は，斉藤睦男「2.5人称の視点をめぐって」を参照されたい。

　　平成18年度（4月～3月）　107件
　　平成19年度（同上）　101件
　　平成20年度（同上）　118件
　　平成21年度（同上）　105件
　　平成22年度（同上）　81件
　　平成23年度（同上）　490件（一般ADR94件，震災ADR396件）
　　平成24年度（同上）　177件（一般ADR84件，震災ADR93件）

【参考資料：ADR検討特別委員会の小野寺信一委員長が会報に寄せた手記】

何はともあれ先進地を見学してみよう

　ADRの設立を検討している当委員会は，平成16年11月22日から11月25日まで，名古屋弁護士会（西三河支部と本会），岡山弁護士会，福岡県弁護士会の連続調査を行った。私と副委員長の斉藤睦男会員が全行程を担当し，それに松坂会員（名古屋），高橋輝雄会員，倉林会員（岡山，福岡），松澤会員（岡山），村田副会長，阿部弘樹会員（福岡）が加わった大型調査となった。先進地の特色を調べそれを比較し，仙台ならではのものを作るヒントをさぐるという調査の目的は，十分に達成したものと考えている。調査結果の整理と仙台会としてADRをどのように作っていくのかという議論はこれからだが，一足先に，私の個人的感想をお伝えしておくこととする。

お勧めメニュー

　ADRは弁護士にとって紛争解決の有力な武器となりうるものであり，裁判，調停という定番メニューと肩を並べる「お勧めメニュー」であるというのが私の

第一の感想である。似たような制度として，私達は調停を体験済みである。煩わしい法的手続を飛び越えて一気に紛争の中心に参入できるところが調停の長所であるが，それでも期日が入りにくい，裁判所でなければ原則開催できないなど裁判所特有の制約に縛られている。窮屈な制約を外し，法的判断をベースに置きつつもそれにとらわれずに，一つ一つの紛争毎の解決の枠組みを仲裁人が「現場主義」（岡山）に基づき，「機動的，柔軟」（西三河支部）に作り上げてくれるところにADRの特色がある。

　私は時々交通事故紛争センターをそのまま仙台会に引っ越しさせて，民事一般のうち早期和解を必要とするもののみ扱わせたらどうなるか想像してみることがあるが，それに近い制度と考えてもらって差し支えない。和解の上手な弁護士にいったん事件を預けて解決策を探ってもらう訳であるから，裁判や調停の俎上にのせるには向かないやっかいな事件をかかえた代理人にとって有力な解決メニューとなるに違いない。

奥が深い

　岡山弁護士会の調査で目を引いたのは「相手の言うことをよく聞く」「相手を誹謗中傷しない」ことを事前によく言い聞かせた上で当事者を原則同席させるというやりかたである。対立当事者の目の前では本音が言えないから，いないところで言い分を聞き取って伝えるというスタイルに慣れていた私達には新鮮な驚きであった。間接的なやり取りでは正しく伝わっているかどうか不安だということも理由の一つではあるが，目の前で言われた方が相手の気持ちがよく分かるし，目の前で喋ったほうが，自分の気持ちがよく伝えられるという分析を優先させた結果である。ということは，裏を返せば，十分な意思疎通がなされていないことから生ずる誤解や不信が紛争の要因になっていることが多いという事であり，解決策を当事者に探らせる自己解決の促進にとっても有効である。

　話し合いが難しければ判決でケリをつけるという最終手段を持っていないことは一見ADRの短所のように見えるが，実際はそうでもないらしい。その分仲裁人は，現場でその紛争用の解決策を誂えることになり，その苦労が，紛争とは何か，当事者の納得とは何か，を知る動きにつながるからである。

　岡山弁護士会がレビン小林久子さんなどから，当事者の双方がウィン（勝つ）する，つまり，当事者が揃って，自分の希望や欲求を満たすような解決策を手に入れる，ウイン－ウィン・リゾルーションの担い手たるべく，カウンセリングマインドの向上をめざした研修を始めているのはその表れである。紛争を感情的な

ものも含めて生のままで受けとめ，その上で当事者の抱える事情を要件事実によってふるい分けることをいったん止めて，「あなたは○○だから○○したいのですね」「○○事情があったから今○○のように考えているのでしょう」と言い換えて，目の前に呈示することなど，普段の代理人活動の不足部分を指摘され，私は耳が痛かった。

さらに，岡山弁護士会では，「相手方の出席を確保するために，出席要請書に仲裁人のプロフィールを入れ，仲裁人自ら相手方に電話を入れる」など当事者の心情の機微に触れる工夫を怠っていない。これも研修の成果であろうか。

解決率を上げるためには，満足率の向上を目指す以外ないというADRの隘路が逆に副産物として「当事者の納得とは何か」という永遠のテーマに通じるバイパスをもたらしてくれそうである。

やり方次第

ADRは外から与えられた制度ではなく，自ら作り上げる制度である。従って努力が足りなければすぐ申立件数に表れ，息が抜けないが，反面，工夫如何でどのようにでも発展させることのできる側面も持っている。この点では調査によって多くのことを学んだと思っている。「弁護士会全体で盛り上げる気運を作ることが必要」（西三河支部）「会内合意を作るには，慎重な根回しが必要」（名古屋）「みんなでやろうとしなければうまく行かない」（岡山）との指摘にもあるように，いい制度であるからみんなで作って発展させようとする空気を会内に広げることができるかどうかが鍵のようである。のみならず，スタートしてからも「会報にこまめに記事を書き，講演，イベントを欠かさないようにするなど会員への広報に努めるとともに，自治体，マスコミなど外部への宣伝についても力を入れた」（名古屋）「会員が自分の事務所や法律相談で勧めるようにしている」（西三河支部）などADRを周知させるための努力の継続が必要である。息が抜けないところがあると感じたのはこの点である。

そして，どうやらこの制度の浮沈は会員自らが利用するか否かにかかっているようである。使ってみた代理人が「これは便利だ」「またふさわしい事件が来たら使ってみよう」「自分も仲裁人になったらしっかりやろう」と思うかどうかである。

むろん，代理人がそう思うということは，背後にいる依頼者が喜んでいるということであるから，要は宣伝と内部努力を怠らず，市民と代理人の両方を満足させる料理を出していかなければならないということなのであろう。

仲裁人となる弁護士の力量（その向上）がその点で重要な鍵を握っていることは言うまでもないが，システムとして有効に機能させるためには細々とした工夫の積み重ねが重要であることもまた当然である。

　仲裁人となる会員の負担の軽減，仲裁人の報酬（とりわけ成立手数料の設定の仕方と回収方法），引き受ける事件の種類の限定，弁護士以外の代理人の扱い，法律相談前置の是非，専門家との連係，事務局の整備，記録の保存など課題は多いが，幸いこの点は今回の調査の結果を生かし，各地のいいところを取って短期間に整備できる見通しを得た。

司法の地方分権

　仙台ではこれから会内のコンセンサスを得るという大きな山を登らなければならないが，調査の結果を踏まえ，後発の利点を生かし，近いうちに仙台ならではのものを是非作りたいと考えている。

　各地の弁護士会が個性的なADRを持ち，お互いにその長所を輸出しあう状況が生まれれば，司法の地方分権を押し進めることにつながるのではないかと密かに期待している。

　最後に，調査に全面的に御協力いただき，心こもる御接待まで受けることができたことにつき，各地の弁護士会のADRの担当者に厚く御礼申し上げる次第である。

　　　　出典：仙台弁護士会会報341号（発行：平成17年1月1日）22頁

2　仙台弁護士会ADRセンターの和解あっせん手続

　仙台弁護士会ADRセンターの和解あっせん手続を概観する。後に述べる震災ADR手続は，この一般の和解あっせん手続を一部変容したものであることから，簡単に通常の和解あっせん手続をご説明させていただくものである。

　【図】のフローチャートに沿って順に説明する。

【図】 紛争解決支援センターの流れ

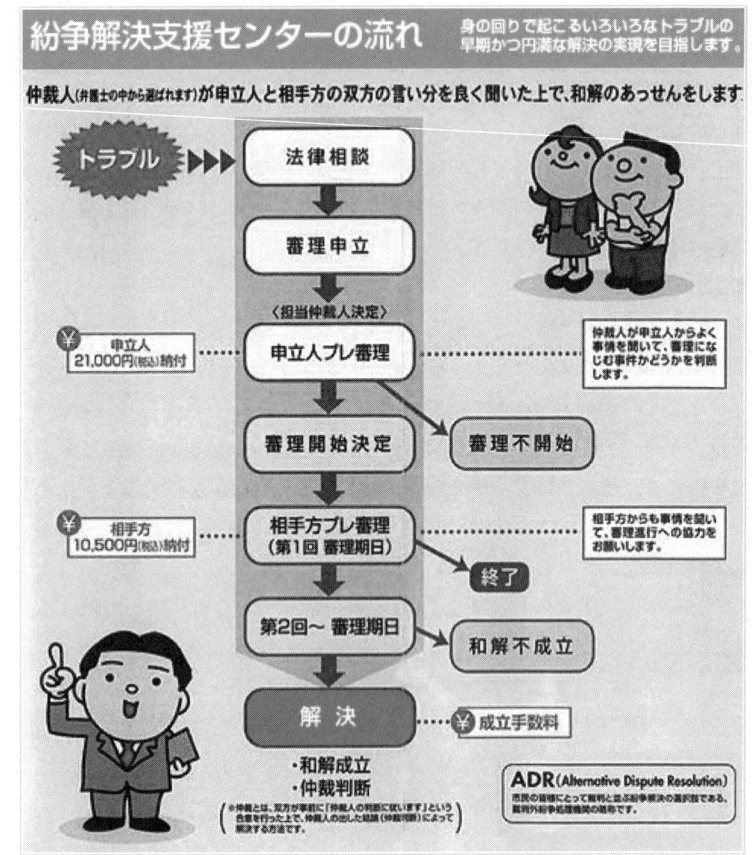

(1) 法律相談前置

　ADRの申立てに先立ち，申立人には必ず弁護士による法律相談を受けていただく必要があるという制度設計にしている。この法律相談は，仙台弁護士会館で行っている法律相談でも，地方公共団体が主催する無料法律相談でも，法テラスが行う法律相談でも，弁護士が事務所で行う法律相談でも何でもよく，ADRでの解決は無理であるとか，ADRでの解決には適さない紛争を振るい落とすことを目的としている。

(2) 申立て

「ADR紹介状」その他の書面で法律相談を経たことを明らかにし，申立書を提出していただく。申立書は，所定の書式を用意しており，一般の方も記載しやすいように多くの記載部分をチェック式としている。弁護士が代理人となって申立てをすることも可能であり，この場合は当然に法律相談を経ていることから申立書だけを提出する。申立手数料は21,000円である。

(3) 申立人プレ審理

申立人に代理人が選任されていない場合に開催する。代理人が選任されていない場合，申立書の記載は簡潔なものとなり，また，重要な事実の記載が抜け落ちていることもあり，仲裁人が申立書だけから事案の内容を把握することは困難であることから，申立人からまずは事案の概要を把握するための手続として申立人プレ審理を設定している。これは仙台弁護士会ADRセンター特有の手続と思われる。仲裁人が事案の概要を聞き取り，申立書の記載内容に分かりにくい点や相手方との話し合いを阻害するような記載があると判断した場合は，申立書の一部修正等についてもアドバイスを行う。

申立人プレ審理の結果，当該事件についてはADRでの和解解決にふさわしくないと判断した場合は，その段階で手続を終了とすることもできる。しかし，法律相談前置をとっており，法律相談で前記のようなスクリーニングができているため，申立人プレ審理で手続を終了させた実例はほとんどない。

(4) 相手方プレ審理および第1回期日

申立書および呼出状を相手方に送付し，相手方にADRによる和解あっせん手続に参加（「応諾」と呼んでいる）するよう呼びかける。概ね70％の相手方に応諾していただいている。応諾していただくと，相手方にも手数料として10,500円を納付してもらう。相手方からも手数料を受領するという制度も珍しいが，紛争解決にかかる利益は申立人・相手方に共通であるから，申立手数料の半額程度を相手方に負担してもらうことが合理的であるとの考え方に基づく。幸い，相手方手数料の負担を嫌い，応諾しなかったというケースはほとんど見られない。

基本的に申立人プレ審理を開催し申立人からは事情を聞いていることから，公平という観点からも，相手方プレ審理を開催する。両当事者が出頭する第1回期日の30分ぐらい前に時間を指定し，相手方からもその言い分等を十分聴取した上で，第1回期日を開催する。このように第1回期日には，仲裁人は相当程度具体的な事案の内容を把握して，期日に臨むことになる。

(5) 第2回期日以降

迅速な解決を目指すという観点から，3回程度での和解解決を試みるが，和解解決の可能性がある限り，4回目以降も仲裁人の判断で期日を重ねることは可能である。ADRの長所として，柔軟性が上げられる。フットワーク軽く現場に足を運んだり，平日夜間あるいは休日に和解あっせん手続を開催するなど，仲裁人の判断で柔軟な期日の開催が可能である。

(6) 和解成立

当事者間で話し合いがまとまれば和解契約書を作成する。仲裁人も立会人として記名押印する。

和解契約書には，判決あるいは訴訟上の和解などとは異なり強制執行力はない。しかし，話し合いの結果の合意なので，多くの場合和解契約書どおりの履行がなされている。

和解が成立した場合は，次のとおりの割合で成立手数料をいただく。原則として申立人および相手方が折半して成立手数料を支払う。

【表1】 仙台弁護士会ADRの成立手数料

解決金（紛争の価額）	割 合
1,000,000円以下の場合	8％＋消費税
1,000,000円を超え3,000,000円以下の場合	5％＋30,000円＋消費税
3,000,000円を超え30,000,000円以下の場合	1％＋50,000円＋消費税
30,000,000万円を超える場合	0.5％＋300,000円＋消費税

3 震災ADR

(1) 震災ADR制度の立ち上げまでの経緯

　平成23年3月11日午後2時46分，東日本大震災が発生し，その直後には大津波が東日本沿岸部を襲った。その後間もなく，福島県での原発事故が発生した。このような被害を体験し，弁護士・弁護士会で災害復興のために何ができるのかということを自問しなかった者はいないと思われる。このような中で，仙台弁護士会紛争解決支援センター運営委員会（以下「ADR委員会」という）では，3月21日，斉藤睦男委員長（当時）が「阪神淡路のときは3か月後に近畿弁護士連合会が罹災都市臨時示談斡旋仲裁（ADR）センターを立ち上げて，借地借家問題など385件の和解あっせんを行いました。財政の手当て（手数料の無料化），開催場所（自治体と提携して市町村に出張して行う）などいろいろ難しい問題がありますが，これから情報収集を行い，3か月先を目処に何らかの震災ADRをつくれればと思います。」と発信したことを契機として，「震災ADR」の検討が開始された。

　3月28日，筆者が「東日本大震災紛争解決支援センター（通称「震災ADR」）構想」と題した書面を作成し，4月5日には，震災ADR対策会議が開催された。その対策会議等を踏まえ，震災ADRは構想段階から企画段階に移行し，以後，ADR委員会内部での議論や仙台弁護士会執行部との意見交換を踏まえ，企画が徐々に具体化されていった。

　震災ADR立ち上げに当たっての最大のネックは財政問題であった。被災者を当事者とするADRであり手数料は引き下げざるを得ないだろうという認識がある一方，仲裁人あるいは仲裁人補助者に無償奉仕を強いることも妥当とはいえない。阪神淡路大震災の際の近弁連の罹災都市臨時示談斡旋仲裁（ADR）センターにおいては，財団法人法律扶助協会が財政的な援助をしてくれたようである。同センターの報告書には，「扶助協会では…示談斡旋センター事業に関して，申立人・相手方代理人の弁護士費用や鑑定費用の立替えについても援助対象とすることとし，双方に代理人がついていない場合

でも斡旋担当弁護士が手続をとることにより鑑定費用・成立手数料が立て替えられるという画期的な運用がなされることになった。」という記述がある。仲裁人弁護士の費用や成立手数料まで，法律扶助協会が立替えを行った（そしてこれは後に免除されることとなる）ことは特筆に値する。当会の震災ADRにおいても，民事法律扶助協会の業務を引き継いだ日本司法支援センター（法テラス）に上記のような対応をとってもらうことができないかを検討したものの，「総合法律支援法」に該当する事業がなく，法テラスからの援助は期待できないという前提で企画を具体化するしかなかった。

　震災を起因とする紛争は，日々刻々発生している。被災直後の被災者には解決すべき難題が山積している中，法的紛争だけでも早期に解決できたら，それが被災者支援，被災地の復興に資することは疑う余地がない。早期に震災ADRの立ち上げをすべき状態であることは共通認識となり，結局，財政問題は，義援金等をある程度は期待できるだろうとの見込みのもとに，見切り発車せざるを得ない状況であった。

　平成23年4月20日開催の仙台弁護士会常議員会で紛争解決支援センター手続細則の特則を定める細則が可決された。3カ月先を目処としていた震災ADRの立ち上げであったが，斉藤睦男委員長の発信から約1カ月後には立ち上げが実現した。早期に震災ADR事業を立ち上げることができたのは，ADR委員会委員の献身的な努力はもとより，執行部・常議員を始めとした，仙台弁護士会会員の震災復興のための強い思いがその背景にあったからである。

(2) 震災ADRの特徴

　a　震災ADRの対象

　「東日本大震災を起因とする紛争」を対象とするという抽象的定めを置くにとどまった。逆に言えば，何らかの形で紛争に東日本大震災が関係しているという場合には，広く震災ADRの対象として扱うこととした。前記対象規定からは，震災ADRの外延は必ずしも明瞭とはならないが，どのような紛争が震災ADRに持ち込まれるのかの予測が困難であったことから，運用

の中で解決していくべきものと考えた。

　b　申立サポート制度

　紛争の要点等を記載した申立書を書かなければならないということは，申立人にとって申立てのハードルとなる心理的障害である。そのようなハードルを下げて，まずは申立てをしてもらい，紛争解決を震災ADRの土俵にのせることこそが被災者の法的紛争を簡易・迅速に解決に導く上で重要である。

　そこで，震災ADRのチラシ裏面に，申立人と相手方の住所や氏名などの情報を記載してもらい，ADRセンターにFAX等で送付してもらうだけで申込みを受け付けることとした。申込みを受け付けると間もなく，ADR委員会委員の弁護士から選任された「申立サポート弁護士」が，申立人に架電し，電話で紛争の要点を聞き取り，書面にまとめるという作業を行った。申立サポート弁護士が仲裁人となることはないため，仲裁人の公平性・中立性を損なうことはない。仲裁人にとっては，プレ審理を開催する必要がなく申立当初から紛争の要点等を正確に掴めることとなるので，早期解決にも資することとなった。

　c　申立手数料・相手方手数料の無料化

　一般ADRの申立てにあたっては，2(2)，(4)に記載したとおり，申立手数料として21,000円，相手方手数料として10,500円を徴求する。

　東日本大震災の被災状況に鑑みれば，震災ADRでは申立手数料・相手方手数料を徴求すべきではないということはコンセンサスを得られた。

　d　成立手数料の半額化

　成立手数料については，一般ADRの約2分の1の金額を徴収することとした。紛争解決という利益があった際に，一定の対価を要求することは合理的であるとともに，一般ADRの2分の1程度であれば，当事者の理解も得られると考えたからである。

　具体的な成立手数料基準は次のとおりであり，たとえば，解決価額が1,000,000円の場合，42,000円を申立人および相手方で折半して（各21,000円）負担することとなる。成立手数料については，当事者の経済的事情等を勘案

して減免できるという規定もあるが，減免をしたケースは数件にとどまり，解決事例については異論なく成立手数料が支払われている（【表２】震災ADRの成立手数料を参照）。

【表２】 震災ADRの成立手数料

解決金（紛争の価額）	割　合
1,000,000円までの場合	４％＋消費税
1,000,000円を超え3,000,000円までの場合	２％＋20,000円＋消費税
3,000,000円を超え30,000,000円までの場合	１％＋50,000円＋消費税
30,000,000万円を超える場合	0.5％＋200,000円＋消費税

　e　現地ADRの積極的活用

　東日本大震災の被害をこれほど大きくした要因は何と言っても沿岸部を襲った津波である。

　被災直後の交通麻痺状況を踏まえると，仲裁人が積極的に現地に出向く必要があると考えられたこと，しかも津波被害が深刻な沿岸部は仙台弁護士会がある仙台市青葉区からは遠距離であり当事者が出向くことは困難と考えられたことなどから，現地ADRが多くなるものと想定し，震災ADRでは現地でADRを開催することを積極的にPRした。現地とはいっても，和解あっせんに適する場所を確保しなければならず，仙台弁護士会の各法律相談センターを活用することとした。その後，法テラスが宮城県沿岸部３カ所（東松島市，南三陸町，山元町）に臨時出張所を開設することとなり，その臨時出張所を震災ADRの開設場所とすることを了解いただいた（施設レイアウトもADRを開催できるように配慮していただいた）。

　f　仲裁人補助者制度

　震災ADRでは未知の法律問題に直面する可能性があること，前記のとおり現地でもADRが多く予想されることから，弁護士登録２～５年未満の弁護士に仲裁人補助者になっていただき，仲裁人業務をフォローしていただく体制とした。

(3) 民事調停との対比（ADRの可能性）

　平成23年6月1日,「平成23年東北地方太平洋沖地震による災害についての特定非常災害及びこれに対し適用すべき措置の指定に関する政令の一部を改正する政令」が公布・施行され,被災地区に住所等を有していた者が,東日本大震災に起因する民事紛争に関する民事調停の申立手数料は免除されることとなった。申立レベルでの手数料は,民事調停も震災ADRも無料ということで同じになった。

　しかしながら,仙台簡易裁判所に申し立てられた民事調停の数は,平成23年度は,いずれの月も平成22年度の前年同月対比でマイナスであるという。東日本大震災により民事紛争が増えたことは間違いないが,民事調停はその受け皿となっておらず,仙台弁護士会の震災ADRが受け皿の役割を果たしたと評価できる。いち早く震災ADR制度を立ち上げ被災者間の紛争解決に努めたこと,そして震災ADRによる紛争解決実績が評価され定着していったこと,申立サポート制度により申立てのハードルが低かったことなどがその要因と考えられる。

(4) 反省点・今後の課題

　a　沿岸部住民からの申立てが少ないこと

　震災ADR立ち上げ当初は,津波被害が甚大であった沿岸部住民からの申立てが多数あることが想定された。しかし,沿岸部住民からの申立ては,少数にとどまっている。その原因分析等は未了であるが,沿岸部地域住民への広報不足があるのか,被害があまりに深刻であり生活再建が優先事項となって紛争解決まで思いが回らないのか（紛争が顕在化しづらい状況下にあるのか）,深刻な被害についてはADRという枠組みは不向きなのか,地域の特性として紛争解決に弁護士の助力を必要としないのか,など様々な仮説が考えられるところである。

　b　事務局職員の体制

　ADRセンター配属の事務局職員は仙台弁護士会の正職員1名体制であった。一般ADRを年間約100件受理し,その事件処理を行う体制としては十分

とは言えないかもしれないが，不足するともいえなかった。しかし，震災ADRの申立てが多く行われたことにより，事務局職員1名では事件を処理できなくなった。弁護士会職員の配置換え・増員等で最大職員4名体制まで増員するとともに，平成23年7月から同年9月までは東京弁護士会から1週間交代で2名ずつの職員を仙台弁護士会に派遣していただき何とか滞りなく事件処理をすることができた。

　事務局体制がADRの運営にとっていかに重要であるか，ということを痛感するとともに，制度構築にあたってはマンパワーにも配慮することが求められる。震災ADRの最盛期に，毎晩深夜まで残業をしていただいた事務局職員には，本稿を借りて感謝申し上げる次第である。

4　おわりに

　仙台弁護士会ADR委員会では，「理論より実践」，「走りながら考える」というスタンスでこれまで活動してきた。このようなスタンスが良い方向に遺憾なく発揮されたのが震災ADRであった。

　弁護士業務どころではなく，自ら生活をしていくことが精一杯であった時から検討を始め，「とにかく始めよう」という弁護士の思いが結実しスタートしたのが「震災ADR」であった。まだまだ震災ADRは終わってはいない。最後まで走り続けようと思う。

第 1 部

震災ADR事例紹介

第1章　賃貸借関係の紛争

1　建物賃貸借の紛争①：賃料の減額

ケース1　納戸・窓ガラス破損による生活上の不便と損害額の算定

① 地震で借家の内部が破損したことによる生活上の不便は，貸主の負担か，借主の負担か（賃貸借契約に免責特約がある場合）。
② 損害額の算定とその負担の割合はどのように決めるか。

事案の概要

　申立人（X）は，相手方（Y）の所有するマンションの一室を賃借，住まいとして使用するとともに趣味の教室を開いている。東日本大震災で内部が破損した。特に備え付けの温水器が倒れ，これにより納戸・窓ガラス枠が損壊し，納戸や戸棚が開かず，中の物を取り出せず使えなくなった。また，風呂にもお湯をはれず入浴できなくなった。風呂が使えるようになるまで1カ月半ほど，その他の修理に7カ月ほどかかった。住むことはでき，煮炊きして食事の用意もできた。

　Xは，Yに賃料を支払ってきたが，修理が遅れほぼ従前とおりの生活が出来るようになるまで，東日本大震災時から約7カ月を要した。この間，生活をする上で納戸が開かず，納戸の中の道具を使えない等様々な不便を蒙った

ので，この期間の賃料の約20％程度を減額の上，返還するよう求めた。

しかし，当事者間の事前の話合いで，Yは，賃貸借契約に貸家が天災で損壊したことによる損害は負担しないという定めがあるので，減額する理由はないと主張していた。

Xは，東日本大震災直後の1カ月は我慢するので，賃料減額の要求の範囲を7カ月から6カ月分にまで減縮して申し立てた。なお，Yは，Xに，風呂が使えなかった1カ月余りの期間の銭湯料相当分にプラスαして賃料の20％と同額の金銭をADRの始まる少し前に支払っていた。

当事者

X：建物の賃借人（申立人）
Y：建物の賃貸人（相手方）

協議の経過

1　プレ審理

Xから主張を聴取した。

Xの主張：温水器が使えず1カ月半ほど風呂が使えなかったことに関して，Yより銭湯料にプラスαをした金額として20,000円の支払があった。ただ，Xはそれとは別に7カ月間内部損壊のため，生活の不便を強いられた。1カ月程度は東日本大震災を理由としてYに請求しないとしても，1カ月で修理はできたはずであり，修理するまでの6カ月分の家賃は20％程度減額してもらいたい。ただ，Xもこの建物は気に入って住み続けており，また趣味の教室も開いているので，立ち退かずここで生活を続けたい。

2　第1回期日

XおよびYから，それぞれの主張を聴取した。

Yの主張：天災による被害であるので，Xの損害（生活上の不便）に責任はない。Yは，風呂を使えなかった分として，銭湯を利用する以上の金員を見舞金として支払っており，それ以上は支払う意思はない。また，X宅の修理

が遅れたのは、他の物件で被害が大きく生活に大変な不都合が生じているところから順に修理をしたので、X宅については7カ月かかったが、Yの責任はない。

Xの主張：Yが現場の損壊状況を見たのも東日本大震災が発生した後かなり経ってからであり、また、Yと縁故関係の住まいについては、早期に修理がなされていることなどからすれば、遅れの責任をとって欲しい。

仲裁人は、Yに対し、修理に入るまで7カ月ほどかかったのは事実であり、Xも東日本大震災直後の1カ月の生活の不便は我慢すると言っていることであるし、それほど多くの金額でもないので、賃料6カ月分の20％程度は負担するよう説得したが、Yはなかなか納得しなかった。

Xは、Yから既に支払を受けていた見舞金もXの請求金の内金支払に充てて良いと譲歩し5カ月分の減額を求め、さらに、Xは、この建物を気に入っていることから、さらに若干の譲歩をし、当初の6カ月分20％の減額を最終的には4カ月半分20％減額すると譲歩した。

最終的にYもこれを了承し、和解が成立した。

結　論

前記のとおり、第1回期日で和解が成立した。

コメント

論点はケースにある①、②の2点であるが、①の本件生活の不便による損害をいずれが負担するかについては、民法611条に定めがあり、本件は、地震による賃貸物の一部滅失（損壊も入るものと思われる）であるので、Xの過失によらない滅失であるから、XがYに、破損により使用上の不便を受けた程度に応じて賃料の減額を請求できると思われる。賃貸借契約書には、天災でXが損害を受けた場合、Yはその損害の賠償責任を免れるとの条項があるが、Xが怪我をした場合や、Xの持物が破損した場合による損害に適用されるもので、賃貸家屋自体が破損を受け、Xが使用できなくなった場合、ある

いは従前どおりの使用ができなくなった場合は，賃料の支払債務は消滅するか，減額されるものと思われる。

なお，有力学説は，Xに減額請求権はあるが，Yには補修修繕義務はないという。

②の損害額の算定と負担割合は難しい。Xの申立ては，家賃20％の減額というものであるが，住むことと，食事を作り入浴できるので，20％は「いい線」と思われる。法律論では，7カ月の減額で良いと思われるが，1カ月分の20％相当分はすでに払われており，それとは別に，Xは東日本大震災が原因なので1カ月は我慢すると早くから言っているので，落ち着くところに落ち着いた和解である。

なお，高級マンションといううたい文句で，高めの賃料で賃貸した物件が，入居当初から，工事の騒音やカビの発生があった事案で，賃料の3分の1を減額した東京地判平6.8.22（判例時報1521号86頁）がある。

ケース2　倒壊の危険性による解約

> 震災で半壊の認定を受けたアパートの賃借人は，家賃減額請求ができるか，できるとしてどの程度減額すべきか。賃借人と賃貸人が賃貸借契約を合意解除した場合，賃借人は引越費用を請求できるか。

事案の概要

東日本大震災により，相手方（Y）所有のアパートが半壊の認定を受けた。同アパートの賃借人（X）は，建物倒壊の危険を感じ，Yに解約を申し入れ，合意解約した。その後，Xは，平成23年9月30日に仮設住宅に引っ越した。Xは，3月分から9月分までの家賃（1カ月45,000円）を全額Yに支払っている。Xは，アパートの自室が使用収益できない程度に応じて家賃を減額すべきで

あると主張し，また，引越費用として87,000円の支払と，敷金80,000円の返還を求めて本申立てに及んだ。

当事者

X：アパートの賃借人（申立人）
Y：アパートの所有者・賃貸人（相手方）

協議の経過

1 プレ審理でのXの主張

アパートのXの部屋は，トイレと浴室の壁と天井にヒビが入り，至る所でモルタルが剥がれていて，歩くと床がへこむ状態である。何とか我慢して住んでいたが，修理を依頼してもYは修理してくれなかった。建物が倒壊する危険もあるので，賃貸借契約を合意解除して仮設住宅に移った。家賃の半分くらい減額してもらいたい。引越費用は，Yの債務不履行による損害であるから全額支払って欲しい。敷金80,000円は返還してほしい。

2 第1回期日

(1) Yの主張

修理が遅れたのは修理業者が忙しかったためで，東日本大震災による被災箇所は応急修理を終えた。本件アパートは木造モルタルで築38年と古いので，賃借人全員に退去してもらい，2〜3年後には解体する予定である。本件賃貸借契約はXが仮設住宅に入りたいため，Xからの申出により解除したものであるから，引越費用は出せない。敷金は全部ではないがいくらかは返還してもよい（障子やふすまがXのせいで壊れたり汚れたりしたため）。

本件アパートは，半壊（20％〜40％の損壊）だが，外壁，内壁や浴室などにヒビが入った程度であるから，家賃を減額するとしても10％程度が相当である。

Xから解約の申出があったのは9月7日であり，1カ月前に解約申入れをするという条項に違反している。

(2) Xの主張

本件アパートは解体する予定なのだから、ハウスクリーニング代は不要なはずである。だから、敷金は全額返してもらいたい。

減額の割合は、半壊であるから、家賃の半額である22,500円が相当である。Yは、東日本大震災前から、Xら賃借人からの度重なる要望にもかかわらず、修理が必要な箇所を修理してくれなかった。本件アパートは、半壊とされているが、大きな余震が来れば倒壊するおそれもある危険な状態だったのだから、家賃の半分を減額すべきである。

(3) Yの主張

東日本大震災後に、アパートが不足していたため、半年でいいから貸してくれという人もいた。だから、敷金からハウスクリーニング代を差し引くべきだが、妥協して全額返してもいい。引越しはXが言い出したのであるから、その費用はXが負担すべきである。家賃減額については、早く解決するため、10,000円までなら家賃を減額してもいい。

(4) Xの主張

引越費用についても支払って欲しい。家賃減額は10,000円では足りない。それ以上出せないというなら（本件ADRは）不成立で構わない。訴訟で解決したい。

(5) 仲裁人の判断

本件は、X、Yの主張に隔たりがあったため、仲裁人の判断で不成立として期日を終了した。しかし、終了後に両当事者から期日開催の申出があり、もう1期日開催することになった。

3 第2回期日

前回期日の後、当事者間で話し合ったが、Yとしては、早く本件トラブルを解決したいということで、Xの主張を大幅に認める内容で和解することにした。

具体的な和解内容は、以下のとおりである。

① Yは、Xに対し、敷金80,000円を全額返還する。

② Yは，Xに対し，東日本大震災後，転居するまでの家賃減額分として，66,000円を支払う。
③ Yは，Xに対し，引越費用のうち22,000円を支払う。

以上のとおり，YはXに対し合計168,000円を支払う。

結　果

前記のとおり，YがXに対して168,000円を支払う内容で和解が成立した。

コメント

本件は，Xの主張に，法律的に認めることが難しい内容が含まれていたため，仲裁人がXを説得したが，なかなか譲歩を引き出せなかった。そのため，両者の歩み寄りは困難と考え，第1回期日では不成立で終了とした。ところが，第1回期日後にXとYが話し合いをして，Yが譲歩をして合意に至ったようであった。第2回期日では，その合意内容を確認して和解成立となった。

本件は，早くトラブルを解決したいというYの気持ちが強かったため，概ねXの主張に沿った内容で和解が成立したものである。このような形でもADRが紛争解決に役立ったのであればそれなりに意味があったと言えるかもしれない。

コラム❶　貸している建物が破損したら？

1　建物賃貸借における賃貸人の義務

建物の賃貸借における賃貸人の義務としては，賃借人に建物を使用・収益させる義務（民法601条），建物の修繕義務（民法606条），費用償還義務（民法608条）があります。

震災で建物が破損した場合には，まず，建物の修繕義務が問題となります。賃貸人の修繕義務が認められるためには，①必要な修繕であるこ

と，②修繕が可能であることが要件となります。

2　必要な修繕であること

修繕が必要な状態とは，目的物を修繕しなければ賃借人が契約した目的に従って使用収益することができない状態をいいます。

したがって，居住目的の賃貸借の場合，建物に生じた破損や障害の程度が，居住の目的を妨げるものか否かが問題となります。

具体的には，建物の損傷の程度，それによって賃借人が被る不利益，賃料の額，賃貸物の資産的価値などを総合的に衡量して判断されますが（東京高判昭56.2.12判例時報1003号98頁），扉，柱，屋根，壁などの主要な構造部分の破損については，必要な修繕と認められる場合が多いと考えられます。

3　修繕が可能であること

必要な修繕であっても，修繕が不能な場合には賃貸人は修繕義務を負いません。修繕が不能な場合とは，物理的・技術的に不能な場合，経済的ないし取引上の観点からみて不能な場合をいいます。

経済的ないし取引上の観点からみて不能な場合とは，修繕が新築とほとんど同一の費用を要する場合や，賃料が極端に安い上に修繕に過大な費用がかかる場合などをいいます。

なお，①，②を充たす場合でも，破損が賃借人の責めに帰すべき事由によって生じた場合には，賃貸人は修繕義務を負わないとされています。

4　「賃借人が修繕する」との特約がある場合

契約書の中に「賃借人が修繕する」との特約がある場合，特約自体は有効と考えられますが，「賃借人が全て修繕する」というように修繕の範囲が明示されていない特約の場合，修繕義務の範囲が問題となります。

この点について，賃借人が負担する修繕の範囲は，通常生ずべき破損の修繕に限られるべきと限定的に考える立場が有力です。

したがって，震災による破損については，特約がある場合でも，賃借人は修繕義務を負わないものと考えられます。

5 賃貸人が建物の修繕をしない場合

　賃貸人が建物を修繕してくれない場合には、賃借人自身が修繕を行い、賃貸人に対して、修繕費用の償還請求をすることが考えられます（民法608条）。

　また、賃借人は、建物を使用収益できない割合に応じて、賃料の全部または一部の支払を拒むこともできます（最一小判昭38.11.28判例時報363号23頁）。

6 建物滅失の場合

　建物破損の程度がひどく、「滅失」と判断される場合には、賃貸借契約は終了します（最一小判昭42.6.22判例時報489号51頁）。

　その場合、賃貸借契約は終了し、賃借人は建物を明け渡さなければなりませんが、一方で賃貸人には、賃借人に対し、敷金を返還する義務が生じることとなります。

　なお、「不可抗力による居住不能の場合敷金を返還しない」という特約があった場合でも、このような特約は無効と考えられますので、賃貸人は敷金返還義務を負うこととなります。

ケース3　台所等の損壊による損害

　賃貸家屋の台所等が損壊し、それらの使用に支障を来す状態となった場合の賃料の減額はどの程度が相当か。賃料減額は、その損壊時からかそれとも修理可能となったときからか。

事案の概要

　申立人（X）が相手方（Y）に対し、5年程前から賃貸していた一戸建て

住宅が，東日本大震災によってその台所の壁が崩れ，流し台（シンク）の土台が潰れて傾き床が陥没，また壁が歪んだことにより風呂場出入口の引き戸が機能しなくなったとしてYからその早急な修理を求められたが，工事業者の手違いなどから平成23年の年の暮れになっても修理しなかったところ，YはXに対し，修理するまでは月額50,000円の賃料を支払わない旨通告して，翌年の平成24年1月分からの賃料を支払わなかった。ところが，同年5月頃になってXから，滞納賃料全額を支払えば修理するとの申出があり，Yはその申出どおり同年5月末に，賃料前月末日支払の約定により6月分をも含めてその全額を支払った。

しかし，Yは，前記損壊によって使用に支障があったにも拘らず賃料減額の話が全くなかったことに納得できず，同年6月初旬，損壊したときから修理するまでの間の賃料の減額と7月分以降の賃料との相殺を求めて仙台弁護士会ADRに申立てをしたところ，その直後に修理工事が実施され，Xから，修理工事がなされたので最早減額の必要がなくADRに出頭する理由がないとしてADRへの出頭要請に応ぜず，同申立ては，不調に終わった。そこで，Yは，同年7月，司法書士を通じ，Xは前年の9月に隣家の賃貸家屋の修理工事をしており，同月以降はYの本件借家も修理が可能であったのに修理しなかったのであるから，債務不履行による損害賠償責任を免れないところ，損壊箇所は生活の根幹を担う場所で本件借家の住家としての機能が30％喪失したと評価すべきであり，したがって1カ月当たり15,000円の損害を被ったとして平成23年9月から24年6月までの10カ月の損害額合計150,000円と，同年7月分以降の賃料との相殺を求める内容証明郵便を送付し，同月分以降の賃料の支払を拒否した。しかし，Xは，減額30％に納得できず，今度は，Xが減額幅の調整を求めYを相手方として本件申立てをした。

当事者

X：賃貸人（申立人）
Y：賃借人（相手方）

協議の経過

1　第1回期日

　XとYから，それぞれの主張を聴取した。

　Xの主張：Yに賃貸した本件借家が，東日本大震災によって台所の一部の壁が崩れ，流し台床下の土台が潰れて近辺の床が陥没した上，同家屋の風呂場出入口付近の壁が歪んだことによりその出入口の引き戸が機能しなくなったこと，Yから修理工事を求められたが，工事業者の手違いなどで遅れその修理工事が平成24年6月初旬になったことはいずれも事実であるが，前記流し台の土台が潰れて近辺の床が陥没したのは，工事業者の話によれば，流し台床下の排水管がかなり以前から外れていたのにYがそれを長く放置していたため土台等が腐敗していたことが一因ということであるし，前記損壊によって30％も賃料を減額するほどの使用上の支障が生じたとも考えられないから，30％減額には応じられない。

　Yの主張：東日本大震災により本件借家の台所の壁が崩れ，床に穴が開き，流し台の土台が崩れて傾くなどの損壊が生じて，炊事，洗い物などがままならない極めて不便な生活を強いられた上，風呂場出入口付近の壁が歪んでその出入口の引き戸が全く機能しなくなったことから，風呂場を利用すると室内が換気不全の状態となって不健全な生活を余儀なくされる状況となった。そこで，東日本大震災直後からXに対し何度か早急な修理を求めたが，修理工事が実施されたのは平成24年6月初旬であった。Yは，Xがそのように修理工事を遅延したことから，同年1月からの家賃の支払を停止していたが，同年5月末に未払いの賃料全額を支払えば修理工事をするとの申出があったので，とりあえず賃料の支払は前月末日との約定に従い6月分を含めた全額を支払ったものの，前述のように，損壊場所は，台所や風呂場という日常生活の根幹を担う場であり，賃料の減額が全くないというのは到底納得できない。前記損壊により本件借家の機能は少なく見積もっても30％喪失したと評価するのが相当であるから，1カ月当たり15,000円の減額が認められるべき

である。そして，YのXに対する前記内容証明郵便では，債務不履行による損害賠償請求として修理工事が可能であったと認められる平成23年9月からの賃料減額相当額の損害賠償を求めたが，当ADRでは，本件借家が損壊により使用に支障を来した東日本大震災時以降からの減額を求めたい。なお台所の排水管が東日本大震災前から外れていたかどうかは自分には分からない。

仲裁人の進行：損壊場所は，確かに日常生活の要所であり，被害程度如何では賃料減額50％も考えられる事案であるが，Yは，床に空いた穴の上に厚い段ボールを敷いたり，風呂場の出入口にビニールシートを垂らしたりするなどの応急処置をして同所を避難せずに生活できたこと，排水管が東日本大震災のかなり以前から外れていて土台が腐敗していたことが東日本大震災による土台等損壊の一因という工事業者の指摘も一理あるように思われ，無視することができなかったことから，賃料減額は1カ月20％，金額にして1カ月10,000円が相当と判断した。また，被害の程度から考え，内容証明郵便による損害賠償請求の平成23年9月からの減額には疑問があったことから，民法611条1項（賃借物の一部滅失による賃料の減額請求等）の適用により損壊した月から減額することとして，東日本大震災の発生した平成23年3月分から減額する方向で検討してもらうのが相当と考え，仲裁人の当該見解を説明した上，同旨和解案を提示し，双方に次回期日までの検討を求めた。

2　第2回期日

双方が前記和解案を検討した結果，これに応じるとのことで，細部を詰め後記内容の和解が成立した。その内容は，平成23年3月分から平成24年5月分までの賃料を1カ月10,000円減額して40,000円とし，減額した15カ月分合計150,000円は，XがYから既に支払を受けその返還義務があることから，これを未払いとなっている平成24年7月分から9月分の賃料合計150,000円に充当すること，YはXに対し，平成24年10月分，11月分の未払賃料を同年11月末日まで，同年12月分，翌年の1月分の賃料を24年12月末日までに従来どおりの方法で支払うことにそれぞれ合意した上，他には当事者双方に何ら債

権債務がないことを相互に確認するというものである。

結　果

前記のとおり和解が成立した。

コメント

　本件のように，賃借家屋の生活の根幹を担う場所が損壊した場合の賃料の減額をどの程度認めるか，損壊の程度，それにより日常生活に支障を来す程度によって判断することになろうが，特に基準のようなものがあるわけではないので，その判断はかなり難しい。本件では，当事者からの聴取によって心証を得た日常生活に支障を来す程度に重点を置いた上，Yにおいて排水管が外れていたのを知らずに放置していた可能性が高く，Yの過失が認められる余地があると判断し，それを斟酌して減額率を判断した。また，和解案としていつから減額を認めるのが相当かを検討したが，修理工事遅滞の債務不履行による損害賠償請求であれば賃貸人Xにおいて修理工事が可能な時期からの減額相当額の損害賠償請求ということになろうが，本件のように損壊による生活の不便がかなり大きい場合は，出来るだけ早い段階から賃料減額を認めなければ賃借人に酷のように思われ，民法611条1項（賃借物の一部滅失による賃料の減額請求等）を適用して震災により損壊したときからの減額を認める和解案を提示することとした。当事者双方は，快く和解案を受け入れてくれた。

2　建物賃貸借の紛争②：建物明渡しと立退料

ケース4　家屋滅失と建物賃貸借契約の解約

震災で損傷した家屋が「滅失」したと評価できるか否か，建物賃貸借契約の解約申入れの「正当事由」該当性はどのように考えるか。

事案の概要

申立人（X）は，相手方（Y）に対し，X所有の本件建物（築後50年経過）を飲食業に使用する目的で賃貸していた。

東日本大震災により，本件建物は基礎部の割れ，外壁倒壊窓，建物の傾き，内壁破損，屋根倒壊などの被害を受け（被害状況の写真が証拠として提出），建物応急危険度判定で「危険」との判定を受けた。

Xは，修繕工事の見積りを業者に依頼したところ，新築する場合と同程度の費用を要するとの見積りが提出された。

そこで，Xは，本件建物は物理的にも経済的にも滅失したものであるとして，滅失による建物賃貸借契約終了の確認を求めて申立てをした。

当事者

X：賃貸人。本件建物の所有者（申立人）

Y：賃借人。本件建物で飲食業（居酒屋）を営む（相手方）

協議の経過

1　第1回期日

専門委員として建築士に加わっていただいた。

家屋が「滅失」したと評価できるか，「滅失」していないとしても賃貸借契約の解約申入れの「正当事由」が認められるか，という争点を確認して協議を開始した。

　専門委員からは，本件建物損傷程度および経済的観点（修繕費用）に鑑み，「滅失」と評価しうるとの見解が示され，Yも概ね納得した。

　その上で，本件賃貸借契約の終了の確認および金銭解決をする方向で協議を行い，解決金額について双方から意見を聴き，大きな隔たりはなかったことから，次回期日まで双方でさらに検討していただくことにした。

2　第2回期日

　解決金額について賃料の10カ月分で合意が成立したため，賃貸借契約の終了の確認，明渡期限の設定，解決金の支払などを内容とする和解が成立した。

結　果

　前記のとおり，第2回期日で和解が成立した。

コメント

　建物の「滅失」の判断は難しいところであったが，専門委員として建築士に加わっていただき，専門的知見からの見解を説明していただいたことにより，当事者もより納得できたと思われる。その結果，その後の協議もスムーズに進んだ。

　解決金額についても，当事者双方に大きな隔たりはなかったため，双方譲歩の上，合意することができた。

ケース5 退去時の原状回復義務および敷金の返還

賃借建物の退去時に賃借人が負担すべき原状回復義務の範囲および敷金の返還についてどのような解決策があるか。

事案の概要

申立人（X）は，東日本大震災前から，相手方（Y）より，マンションを賃借し，家族とともに居住していたが，東日本大震災により同建物が被災したことなどから退去することとし，Yに対し，同建物を明け渡した。

XがYより同建物を賃借した際には賃貸借契約に基づき敷金が差し入れられていたところ，同建物明渡後，YからXに対し，賃貸借契約の原状回復義務に関する定めに基づいて原状回復費用を算定したとして，敷金の精算の通知書が送付された。

しかし，Xは，国土交通省の「原状回復をめぐるトラブルとガイドライン」を踏まえつつ，YがXに原状回復義務があるとする同建物の箇所について，修繕が必要であるとしても，東日本大震災に起因するものか，通常損耗あるいは経年変化によるものであってXには責任がなく，また，Xが過失により損傷や汚損を生じさせたとしても，修繕すべき対象の範囲や，修繕費用の見積額の相当性について疑義があり，Yのいう精算額以上の敷金が返還されるべきであるとして，本申立てに至った。

当事者

X：建物の賃借人（申立人）

Y：建物の賃貸人（相手方）

協議の経過

1　第1回期日

XおよびYから，それぞれの主張を聴取した。

Xの主張：本申立前，Yから送付された敷金の精算の通知書によれば，各居室，玄関，洗面所およびトイレ毎に修繕内容が示され，対象面積や修繕費用の単価も示されているが，国土交通省のガイドラインを踏まえると，一部居室の損傷や汚損はXの過失により生じさせたものであって，原状回復義務を負担することは理解できるが，対象面積が広範囲にわたり，修繕費用の見積額も相当性を欠いている。また，それ以外の居室等でYがXに原状回復義務があるとする損傷や汚損については，そもそも東日本大震災に起因するものであるか，通常損耗あるいは経年変化によるものであって，Xは原状回復義務を負わず，したがって，精算の結果，Xに返還されるべき敷金の金額はYが主張する金額よりも多いものとなる。

Yの主張：Xが同建物を明け渡すにあたっては，XおよびYが立ち会った上で，同建物の損傷や汚損の状況を確認して図面に記入し，Xの署名押印を得ており，その際，写真も撮影している。また，東日本大震災後，Xの申告に基づき，被害状況の確認をし，写真も撮影している。本申立前にYがXに送付した敷金の精算の通知書に記載している金額は，これらの確認の結果に基づいている。そもそも，賃貸借契約には，明渡時の原状回復義務の内容，修繕の対象範囲および修繕費用などが定められていた以上，この定めによって，Xが負担する原状回復義務の内容を確定し，敷金の精算をすべきである。

仲裁人の進行：Yから明渡時の確認図面および写真が提出されたため，Xに交付した上で，事実確認をしてもらうよう依頼した。Yの主張する賃貸借契約の定めについては，確かに同契約書には指摘するような条項が存するが，契約時にはXに対して同条項の内容の説明が十分になされていなかったことが窺われ，近時の裁判例からして，Yの主張が疑いを容れない程に理由のあるものであるかどうか疑問に思われたことから，XおよびY双方にこの旨を

伝え，返還されるべき敷金額について，次回期日までに検討してもらうよう依頼した。

2 第2回期日

Xの主張：Yが提出した確認図面および写真を見たが，そもそもこの図面が作成された立会い当時，これにより原状回復義務の内容が決定され，敷金の精算額が決定されるという説明は受けていなかった。また，そもそも写真は不鮮明であって，これにより原状回復が必要な状況であるかどうかを判断することは困難である。仮に，Yの主張するとおり，損傷や汚損が生じているとしても，一部居室の損傷や汚損を除き，東日本大震災に起因するものであるか，通常損耗あるいは経年変化によるものであり，Xは原状回復義務を負わない。

Yの主張：確認図面を作成した当時，原状回復がなされるべき箇所の確認であることは説明していた。そもそも，原状回復義務については賃貸借契約に定めがあり，本件の敷金の精算にあたっては，この定めによるべきであるところ，同建物に生じている損傷や汚損は，いずれも，Xの善管注意義務違反あるいは過失によって生じたものであり，Xは原状回復義務を負う。国土交通省のガイドラインはあくまで指針の位置付けである。東日本大震災に起因する損傷や汚損は確認が取れ次第，原状回復義務の対象から除外する考えである。

仲裁人の進行：XおよびYからは依然として前記のような主張がなされたが，その一方で，前回期日の仲裁人の依頼を受けて，Xからは，過失によって生じさせた一部居室の損傷および汚損にかかる原状回復費用について，敷金から控除することを認めることができる金額が示され，Yからは，Xが原状回復義務を負担すべき箇所について精査をなしたとした上で，本申立前に提示した敷金返還額よりも高い金額での返還の提案がなされた。もっとも，双方の主張する金額にはなお隔たりが存したことから，Yに対しては，改めて，YがXに原状回復義務があると主張する箇所について，まずは，東日本大震災に起因するものではないかどうかの確認と，また，裁判手続がとられ

た場合の結論の見通しを踏まえながら，Xが負担すべき原状回復義務の内容を検討してもらうよう依頼し，あわせて，Xに対しても，改めて，返還されるべき敷金額について検討してもらうよう依頼した。

3 第3回期日

Yが，前回期日において，仲裁人が依頼した確認，検討の結果を踏まえ，前回期日よりも高い金額での返還の提案をなし，Xがこれを受け入れて，和解が成立した。

結 果

YがXに対し，当初提示していた金額より高い金額の敷金を返還する内容で和解が成立した。

コメント

原状回復に関して作成された明渡時の確認図面は，Yから提出されたものの，写真は不鮮明であり，そもそも原状回復が必要であるかどうか一見しただけでは明確ではなかった。そして，賃貸借契約には，確かに明渡時の原状回復義務の内容の定めは存したものの，契約当時，Xに対し，その定めの内容が十分には説明されていなかったことが窺われ，本件が裁判手続に付された場合には，写真などの証拠が十分ではないこととあいまって，相応の敷金の返還が認められた可能性は存したと思われる。もっとも，裁判手続に付された場合の解決に要する時間および費用などを考えると，最終的に和解となった敷金の返還額は，裁判手続に付された場合に比べても遜色がないものであったと思われ，ADRにより迅速かつ円満に解決を図ることができたことは，双方にとって利益となったのではないかと思われるところである。

コラム2　借家が壊れた！　まだ住めるの？

　賃借の目的物となっている建物が「滅失」や「損壊」すると，その後の賃貸借契約に影響を与えることになります。そこで，「滅失」や「損壊」に該当する民法上の判断基準が問題になります。

1　建物の滅失

　民法上，建物が「滅失」した場合，賃貸借契約は当然終了することになります。

　したがって，賃借人は建物を明け渡さなければならなくなる等，大きな影響を受けるため，実務上もこの点が争われることが少なくありません。

　賃借人の賃借部分も含めて建物全体がほぼ消失しており，賃借の目的を全く達成できないような場合が「滅失」に該当するのは比較的明らかであるといえます。たとえば，建物が火災により跡形もなく完全に消失した場合等は「滅失」に該当します。

　しかし，建物が完全に消失していない場合等には，「滅失」に該当するか否かが問題となってきます。判例は，この建物の滅失について「賃貸借の目的となっている主要な部分が焼失して賃貸借の趣旨が達成されない程度に達したか否かによって決めるべきであり，それには消失した部分の修復が通常の費用では不可能と認められるかどうかをも斟酌すべきである」という基準を立てています。

　具体的な裁判例をみると，賃借人の賃借部分は残存しており，修繕も可能ではあるものの，電気・給排水・ガス等の設備に損傷が生じており，建物としての効用が失われているという点を考慮して「滅失」に該当すると判断されたものや，2階建ての建物の2階部分がほぼ全焼し，屋根が抜け落ちているものの，1階の賃借部分の損傷が軽微な事案において，建物を元通りに修復するための費用は，新築費用よりも幾分低額である

が，通常の修繕費の範囲を大きく超えていることから，建物は滅失していると判断されたもの等があります。

このように，建物の滅失は物理的な観点だけでなく，建物としての効用や経済的な観点から判断されることとなります。

2　建物の損傷

賃貸人には賃貸借契約の目的物を使用収益させる義務があることから，民法上，目的物が「損壊」した場合は，賃貸人に修繕義務が生じたり，賃料を減額する根拠とされることになります。

民法上の「損壊」とは，前記「滅失」に至らない場合を言います。もっとも，目的物の使用収益に支障を生じないような場合には，民法上の「損壊」には該当しないことになります。たとえば，建物の外壁にわずかなひびが入り，美観を損ねているものの，使用収益に支障が生じていない場合には，賃貸人はそれを修繕する義務はないということになります。

ケース6　大規模半壊による退去の可否

「大規模半壊」建物からの退去を求めることができるか。

事案の概要

申立人（X）はその所有する店舗用2階建て建物（2台分の駐車区画を含む）を相手方（Y）に対して，30年以上前から賃貸している。賃料は，建物分が金80,000円，駐車場代分が金20,000円で合計金100,000円である。本件建物は築100年の木造建物で老朽化が進んでいる。そのような状況の中で，東日本大震災が発生し，本件建物は「大規模半壊の罹災証明」を得ている。

Xは本件建物に関する今後の「安心・安全」が確保できないとして，Yに

対して本件建物からの退去を求めた。

ちなみに，本件建物の倒壊を防止する応急的な工事は終わっている。

当事者

X：本件建物の所有者（申立人，賃貸人）

Y：本件建物の賃借人（相手方）

協議の経過

1　第1回期日

当事者双方から事情聴取をした。

(1)　Xの主張：

①　平成23年4月分家賃の支払はない。

②　本件建物の補修費の見積書持参（しかるべき金額であった）。

③　このままだと，さらなる地震で建物が崩壊などしたときのことが心配であるので，退去を求めたい。

④　平成16年当時明渡しを求めたことがある。そのときは，15,000,000円の立退料を要求されたので，立ち消えになった。

⑤　現時点において，立退料としてしかるべき金額は覚悟している。

⑥　今のところ，賃料不払いを理由とする契約解除・明渡訴訟は考えていない。あくまでも，円満和解を希望する。

⑦　Yの占有している土地面積は約12坪である。土地の相場は，坪単価金400,000円くらいだと思う。

(2)　Yの主張

①　家賃の支払停止は出入りの仲介業者のアドヴァイスである。

②　店舗の営業は平成23年3月末から再開した。

③　平成16年の立退きの話はそのとおり。現在は状況が変わったので，そういう金額にはこだわらない。

④　退去すること自体について異論はない。

⑤ 最短で今から5カ月後の退去は可能である。
⑥ 妥当な立退料を考えて欲しい。
⑦ Yの平面占有面積が約12坪であること，坪単価の相場が約金400,000円であることは認める。

(3) 仲裁人による和解案提示
① 借家権価格を考えると，12坪×400,000円×0.7×0.3＝約1,000,000円である。
② それに引越料と雑費として約1,000,000円を加える。
③ 以上合計の約2,000,000円をベースに考える。
④ 他方，賃料を平成23年4月から退去予定日の月までの賃料相当額は無償とする。
⑤ 無償扱いにしたことを，経済的に評価すると，東日本大震災後の家賃がしかるべく減額されたものと看做して，月金100,000円×15カ月分×0.7＝約1,000,000円である。
⑥ 以上の実情を考慮して，XはYに対して，家賃無償とは別に，別途立退料として金1,000,000円を支払うという和解案を提示した。
⑦ 次回期日まで，X，Y双方に対して検討を要請した。

2 第2回期日（約2週間後）
当事者双方から検討結果等を事情聴取した。
(1) Xの主張
① Yの退去予定時期（5カ月後）まで退去猶予は了解するが，その間の建物崩壊等の場合におけるYやその関係者に発生した損害等のリスクは負いたくない。
② Yの退去予定時期（5カ月後）までの賃料無償は了解する。
③ 別途和解金として金1,000,000円を支払うことを了解する。
④ 預かり敷金100,000円は別途返還する。
⑤ 屋根の瓦の落下防止策は，Xの費用と責任において実施する。
⑥ Yの退去予定時期（5カ月後）の翌日以降の退去不履行の際の違約金

条項を欲しい。1日当たり金6,000円を希望する。
(2) Yの主張
① 和解金額である金1,000,000円は不満である。いくらか増額して欲しい。
② 敷金別途返還は評価する。
③ 退去予定時期までの間の上記リスクは，Yが負うことで結構である。
④ 屋根の瓦落下防止工事は早急に行って欲しい。
⑤ 退去予定時期の翌日以降の違約金条項は了解する。
⑥ 和解金は一部を早くもらいたい。
(3) 和解内容
仲裁人の個別調整により，以下の状況で事実上妥結した。
① 和解金は，100,000円増額して金1,100,000円。
② 内金500,000円は期日のあった今月末に支払う。
③ 残金600,000円と敷金100,000円合計金700,000円は退去後速やかに支払う。
④ 退去予定時期の翌日以降の違約金は1日当たり金6,000円。
⑤ 退去予定時期までのリスクはYが負担する。
⑥ 瓦の落下防止工事は，業者の日程が不透明なため「努力目標条項」とする。
⑦ 退去予定時期の翌日以降の動産等自由処分条項を入れる。

3 第3回期日（1週間後）
前記妥結条項に基づいて和解契約書を締結した。

結　論

和解が成立した。
　借家権価格相当額に引越しにかかる実費を加算した金額をベースにして，立退料としてXからYに対し金1,100,000円の支払うこととなった。

コメント

　前記の結論のとおり，まずは借家権価格，すなわち，土地の時価×借地権割合×借家権割合によって求めたところ，本件建物あたりの相場が坪400,000円，借地権割合が7割，借家権割合が3割，ということで，概ね金1,000,000円が借家権価格の相場であると想定し，それに引越しにかかる諸雑費約1,000,000円を加算した金額をベースに，双方を説得した。

　幸いにして，双方とも，同席は嫌ったものの，裁判沙汰は回避したいということで意見が一致したこと，なるべく早く解決してすっきりしたいと考えてくれたこと等の事情から，早期解決に至った。

コラム❸　借りた土地・建物の価値はいくら？

　賃貸借契約によって土地や建物を使用できる権利として，「借地権」「借家権」といった権利があります。このような権利も財産の一種であり，その財産的価値（借地権価格，借家権価格）は，「借地権割合」「借家権割合」によって実際に計算することができます。

1　借地権価格の計算

　借地権価格を計算する場合，路線価図を使用します。インターネットを利用できる環境にあれば，国税庁のHPから簡単に全国各地の路線価図を見ることができます。

　路線価図の上部には，右記のような一覧表があります。これは，借地権割合とアルファベット記号の対応を示しているものです。

　実際の路線価図の中には，「700B」や「300C」といった表記がされていますが，数字が1平方

記　号	借地権割合
A	90%
B	80%
C	70%
D	60%
E	50%
F	40%
G	30%

メートル当たりの価額（単位は「千円」）であり，アルファベット記号に対応する割合がその場所の「借地権割合」です。

　借地権価格の前提として，まずは自用地の価額（更地としての評価額）を計算します（これは，一路線に面しているのか，二路線に面しているのか等によって計算方法が異なります）。

　そうして計算された自用地の価額に単純に借地権割合を乗じたものが，借地権価格です。すなわち，計算方法は，

　　【自用地の価額】×【借地権割合】＝【借地権価格】

となります。

2　借家権価格の計算

　借家権の場合も，借地権と同様に「借家権割合」という割合が定められており，これも国税庁のHPから簡単に確認することができます。なお，借家権割合については，借地権割合のように細かく設定されているというわけではなく，全国的にも30％のところがほとんどです。たとえば，平成24年の宮城県は一律30％でした。

　ちなみに，借家権価格を計算する場合，もう１つ「賃借割合」という概念も出てきます。これは，

$$\frac{（賃借している各独立部分の床面積の合計）}{（当該家屋の各独立部分の床面積の合計）}$$

というものです。すなわち，全てを賃借している場合は，賃借割合は100％ということになります。

　家屋の価額に，以上のような借家権割合と賃借割合を乗じたものが，借家権価格です。なお，家屋の価額というのは，固定資産税評価額に適切な倍率を乗じて計算します。借家権価格の計算方法は，

　　【家屋の価額】×【借家権割合】×【賃借割合】＝【借家権価格】

となります。

3　まとめ

　前記１および２によって計算された借地権価格や借家権価格は，相続

等の場面で登場するほか，たとえば賃借している土地や建物明渡しの場面における解決金の１つの目安として利用することもできます。

ケース7 「全壊」と「滅失」の関係および賃貸人の修繕義務

「全壊」の罹災証明と，賃貸借契約終了事由としての建物「滅失」の関係はどうなるか，また「全壊」の場合の賃貸人の修繕義務はどう考えるべきか。

事案の概要

申立前から，双方に代理人弁護士がついていた事案である。申立人（X）は，相手方（Y）所有の建物を賃借し，長年にわたって自動車修理工場を営んでいた。東日本大震災の余震によって，賃借建物が損壊して賃借目的を十分に果たしえなくなったので修繕を求めたところ賃貸人であるYから拒絶され，反対にYから建物明渡しと未払賃料の請求を受けているという状況でADR申立てがなされた事案である。

当事者

X：建物の賃借人（申立人）
Y：建物の賃貸人（相手方）

協議の経過

1　第1回期日
XおよびYから，それぞれの主張を聴取した。

(1) Xの主張

東日本大震災の余震によって，賃借建物が損壊して賃借目的を十分に果たしえなくなったので，Yの責任において修繕すべきである。

(2) Yの主張

①仙台市の罹災証明によって「全壊」の判定がなされているので，賃貸借契約終了事由としての建物「滅失」にあたり，また②平成23年7月分以後の家賃が遅延しており，未払賃料額総額は平成23年12月末現在で3,000,000円を超えているので債務不履行を理由に契約解除の理由がある。むしろ，建物を明け渡して，未払賃料を支払って欲しい。

(3) Xの主張（反論）

Yの賃料未払の主張に対しては，Yが修繕義務を果たさないために建物の利用が制約を受けているので支払を拒絶しているものである。

Xは，賃貸借契約の継続を希望していたが，Yからは建物と敷地の買取りによって解決したい旨の提案がなされた。Yとしては，震災関連融資制度を利用すれば双方にとって良い結果となるのではないか，という趣旨を含んだ提案であった。

そこで，仲裁人は，次回期日までに，Xに対して土地建物を買い取るための資金繰りを検討するように，また双方に買取代金額を検討するように要請した。なお，Yは，早期の解決，かつ，買取方向での解決が不可能であれば，ADR手続ではなく訴訟手続によって解決したい旨の希望が明示されたので，次々回期日の日程も入れて期日を終えた。

2 第2回期日，第3回期日

第2回期日では，Xは政策金融公庫からの借入れは不可との結論，宮城県からの融資については結論が出ていない旨の買取資金調達の現状報告がなされた。

第3回期日では，Xから，宮城県の融資制度の利用は不可との結論が報告された。Xからは買取価額を10,000,000円として，頭金2,000,000円程度，毎月200,000円程度の分割弁済であれば買取りは可能であるとの方針が示された。

Yの土地建物買取による和解案は代金一括弁済を前提にしていたので，和解の方向は崩れるかにみえ，Xは，前記分割案の提案とともに，賃料滞納に基づく契約解除に対する反論の書面も合わせて提出した。修繕がなされていないために減額計算して賃料を支払ってきたのであり，信頼関係破壊に至っていないという主張であった。

　YにXの提案を伝えると，買取代金の分割弁済には応じるが，代金は滞納賃料も含めて14,000,000円としたいとの提案がなされた。XとYの間には，滞納賃料額についてYの修繕義務との関係で争いがあったが，Yの提案からは，こうした争いを代金額に盛り込み，双方の利益となる買取りの方向で早期に解決したいという並々ならぬ決意がうかがえた。

　そこで，仲裁人は，双方に対して，次回期日までに，土地建物買取価額について双方で再検討すること，買取りによって解決した場合には，所有権移転時期等の方法についての検討を要請した。また，最終的にXが支払うべき金額を決定する際の参考資料とするため，補足的に，双方の延滞賃料額に関する考え方について書面で提出するように要請した。

3　第4回期日

　買取金額について，Xから11,000,000円，Yからは13,000,000円の提案がなされた。金額の開きがあるようにみえたが，延滞賃料や固定資産税の処理，敷金1,250,000円の処理も盛り込んで解決するならば，Xの新たな出捐は11,000,000円とする方向で一致がみられた。

　その支払方法についても，頭金2,000,000円および毎月200,000円の約4年間の分割弁済の方向で双方の意見の一致をみた。

　残る課題は，所有権移転の時期と登記方法について双方の検討，および，税金処理の関係で，敷地が3筆にまたがっていたために各筆の代金を決定するなどの，詳細の詰めの作業であった。所有権移転時期については，双方の意見が厳しく対立していた。Xは，契約時に所有権を移転して代金残額について抵当権を設定するという方法を希望し，Yは代金完済時に所有権が移転することとし売買契約時には所有権移転仮登記を行うべきであると主張し

た。

4　第5回期日

期日間において，双方の代理人間において，所有権移転時期の問題を協議していただき，期日において，条件付所有権移転仮登記を設定することで合意をみた。そこで，次回期日を終結期日として予定し，双方で登記申請が可能な和解書を作成するために司法書士の点検を受けた和解案をやり取りしておくことになった。

5　第6回期日

代金総額11,000,000円の土地建物売買契約締結，Yによる滞納賃料債権放棄，Xによる敷金返還請求権放棄によって，和解が成立し，Xが，和解期日に金2,000,000円の頭金を持参し，Yが受領した。

結　果

前記の通り，第6回期日にて，土地建物売買契約が締結され，Yによる滞納賃料債権放棄，Xによる敷金返還請求権放棄による和解が成立した。

コメント

Xは，賃貸借契約の継続を強く望んでいたが，Yは賃料滞納を理由とする建物明渡請求訴訟を行う決意を固めていることが仲裁当初から明示されていたこと，および買取方向での条件には柔軟に対応する姿勢を示していたこともあり，XとしてもADR解決の利害得失を考えて決断しやすかったといえる。双方に代理人がついており，当事者が利害得失を考える際に適切な助言がなされていたように思われる。

罹災証明における「全壊」と，賃貸借契約終了事由としての「滅失」との関係については，双方の間で実質的な争点になることはなかった。

訴訟における解決を念頭におきながら，双方にとって良い結果を模索した結果，和解に至った事案である。大きな道筋で解決方向を見つけ，詰めの段階では詳細な和解書を作成するという双方代理人の力量があっての和解で

あった。

ケース8　全壊建物の明渡請求

全壊の認定を受け行政による解体費用支援が見込まれる賃貸建物について明渡請求は認められるか。

事案の概要

申立人（X）は相手方（Y）に対して店舗用建物（本件建物）を賃貸していたが、同建物は東日本大震災による全壊認定を受け、XはYに対して任意の退去を求めていた。これに対しYは、本件建物は補修により使用継続が可能であるとして明渡しを拒否し、むしろXに対し本件建物の補修を請求していた。

仙台市は全壊認定を受けた建物の解体につきその費用を支援する措置を講じていたが、その申請期限は平成24年3月末とされていた。同月に入っても当事者間の協議では解決に至らなかったことから、XからYに対して、前記申請期限に間に合うように本件建物の早期の明渡しを求め本ADR手続の申立てに至った。

当事者

X：本件建物の所有者・賃貸人（申立人）

Y：本件建物の賃借人（相手方）。同建物で食料品店を経営。

協議の経過

1　第1回期日（申立てから11日後）

XおよびYから、それぞれの主張を聴取した。

Xの主張：本件建物の補修には多額の費用がかかり経済的に滅失しているから、賃貸借契約は終了している。

Yの主張：明渡しに絶対に応じないということではなく，転出先の確保のため，ある程度の猶予期間をもらいたい。解体工事費用の支援を市に申請する期間は，先ごろ延長されることになったと聞いており，確認されたい。

　仲裁人の進行：Xに，市に対する前記申請期間の延長の有無，内容をADR期日間に確認をしてもらうことにした。確認の結果次第で解決の方向が大きく変わってくることから，第2回期日を3月中に行うこととした。

　期日間にXより市の担当課に問い合わせたところ，解体費用の支援申請期限は平成24年9月末まで延期される見込みであること，ただし解体工事は同25年3月末までに完了していることが条件になることなどが判明した。

2　第2回期日（第1回期日から16日後）

　Xにおいて予め解体工事に要する期間についても下調べをしてきており，工事業者が繁忙ですぐに手配できないことや，アスベストの有無についての調査が必要になることなどを見越して，10月末までに本件建物を明け渡してもらう必要がある旨をYに説明した。また，明渡猶予期間中の賃料については半分程度に減額をする用意があるとのことであった。

　Yも基本的にXの説明に納得し，和解が成立した。

結　果

　前記のとおり第2回期日で，①賃貸借契約を3月末日で合意解約し，②明渡しは10月末まで猶予，③明渡猶予期間中の賃料相当損害金の額は従前賃料の半分とする旨の和解が成立した。

コメント

　Xの当初のADR申立ての動機は，建物解体費用の支援申請期限である3月末までの解決をみるにはADRの他には選択肢はないという点にあったが，ADR期日においてYからもたらされた情報により，双方協力してよりよい解決を目指すという雰囲気が醸成された。

　仙台市の解体工事費用支援措置が延長されたタイミングの良さに助けられ

た面が大きいが，当事者自身が持っている紛争解決に向けた意志を引き出し，迅速・柔軟な解決に至るというADRの長所が発揮された事案である。

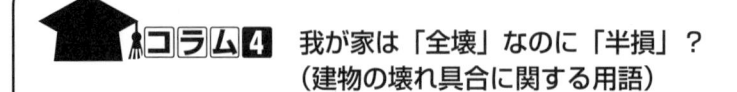

コラム❹　我が家は「全壊」なのに「半損」？（建物の壊れ具合に関する用語）

東日本大震災では，津波や揺れの影響で，多くの建物に被害が出ました。そして，被害が出た建物について，「全壊」や「半損」など，様々な用語で壊れ具合が認定されていました。さて，それらはどういう違いがあり，またなぜ違うのでしょうか。まずは，ひとつひとつ簡単に説明していきます。

1　被害認定（罹災証明）

全壊，大規模半壊，半壊，一部損壊に分けられます。建物の主要な構成要素の経済的な被害や，物理的被害をもとに判断されます。基本的には，市町村がこれを認定します。

主に，義援金や生活再建支援金の給付額決定などの際，この罹災証明に書かれた被害の程度によって，支給額が決められることが多いです。

2　応急危険度判定

これは，災害の後などに，建物の安全性を緊急に判断するための制度です。赤い紙が「危険」で一番危なくて，次に黄色が「要注意」，一応安全なのが緑で「調査済」になります。地方公共団体の要請により，応急危険度判定士（主に建築士）という資格を持った方が認定をして，赤黄緑の紙を貼って認定していきます。あくまでも応急のものなので，安全性が確認されたら認定は変わってきます。

3　地震保険の損害認定

経済的な価値の減少程度に応じて，全損，半損，一部損などと認定されます。認定するのは保険会社やその調査会社です。これは，地震保険

の支払の基準になります。なので，単純な壊れ具合だけではなく，修復にどの程度のコストがかかるかという点も重視されるようです。

4　民法上の滅失

民法では，「滅失」とは物がなくなってしまうことを指します。ただ単に手元からなくなってしまった状態は「紛失」や「遺失」であり，「滅失」はそれとは違って崩れたり流されたりしてもう再発見できないことを前提とします。滅失を巡って何かの紛争になったときに，裁判所が事後的に滅失しているかどうかを判断することになります。

たとえば，賃貸借の終了などにおいて問題となります（実例はケース7の案件など）。滅失していれば賃貸借契約は終了になりますし，そうでなければ賃貸借契約は継続することになります。実際にかろうじて人が住める状態でも，壊れ具合によって「滅失」とされれば，賃貸借契約は終了となり，家賃は払わなくていい代わりに出て行かないといけないこともあるのです。

5　まとめ

「全壊」や「全損」などの用語自体の細かな違いについて覚える必要はないのですが，それぞれ元となる制度が違う，ということは覚えておいていただきたいところです。それぞれ別の基準で別の人が判定し，別々に認定がなされるのです。たとえば，津波で跡形もなく家が流されてしまえば，罹災証明では全壊，地震保険でも全損でしょう。しかし，壊れ具合によっては，罹災証明では全壊だけれど，地震保険では半損であるということが起こりえます。一般の方は，結果が違うのがおかしいと感じるかもしれませんが，制度の目的も認定の基準も違うので，結果が違ってもおかしくないのです。

家が壊れたといっても，どの制度を使うかによって，必要な損壊認定もそこでの考え方も変わってきます。制度に関与する際には，そのことを念頭に置いておく必要があります。

様々な被害の認定方法	
被害認定（罹災証明）	建物の被害の総合的な判断。 罹災証明に書かれる被害の程度のこと。自治体が決める。
応急危険度判定	その建物がいますぐ危険かどうかで判定をする。 応急危険度判定士（主に建築士）が決める。
地震保険（損害判定）	保険金の額を決めるための基準。 保険会社が被害を調査して決める。
民法上の滅失	目的物の状態を表す民法の概念。裁判所が決める。

ケース9　修繕が不可能な物件における損害の算定

地震による建物の一室の修繕が不可能な場合に賃借人の営業の継続はどのように考えるか。

事案の概要

平成20年4月，申立人（X）は，相手方（Y）に対し，X所有の建物（以下「本件建物」という）の地下1階貸室部分を飲食店舗として使用する目的で，賃料を月額約120,000円（後に数千円の減額改定）と定め賃貸し，貸室を引き渡した。平成23年3月11日，東日本大震災が発生し，本件建物は土地が陥没する等の被害を受けたが，本件貸室はしばらく損傷による影響を受けなかった。

ところが，同23年9月になり，本件貸室の厨房において漏水が発生した。Xは，Yからの漏水の連絡を受けて業者と相談したところ，漏水の原因は東日本大震災による本件建物の損傷であると考えられるものの，本件貸室が地下であることから，具体的な漏水箇所を特定するには本件貸室全体の壁をはがした上で調査する必要があるとの専門的見解を得たため，その対応に苦慮

していた。本件貸室の厨房に溜まる水は天候にかかわりなく不定期なものであり，その水源や漏水経路も不明で特定できなかった。もっとも，本件建物と隣接建物との間に汚水が放流された際に，その汚水らしきものが厨房に溜まったことがあり，水の侵入経路としては建物外から壁を浸透してきたものと推測された。いずれにせよ，建物の瑕疵に基因する水の流入・滞留により，本件貸室に悪臭が充満したり，虫が大量発生したりすることもあるというのが，Yの主張である。

Yは，同24年5月中旬に至るまで，Xに，本件貸室の修繕を求めまた家賃の減額を求めるなどしていなかったが，遡る同年3月からは，Yは，本件貸室の賃料，共益費，専用費（電気料金，水道料金）を支払わなかったため，その総額は本件申立時点で約500,000円に達していた。

同年6月，Xとしては，Yの営業を継続させながら本件貸室の大規模な工事を行うことは極めて困難であり，また，漏水が生じている状態でYに本件貸室を賃貸し続けることは相当ではないとの理由から，Yに対して本件貸室の明渡し（申立ての趣旨）を求めた。

当事者

X：ビル所有者・同ビル管理会社（申立人）
Y：ビルの一室を借り受けていた飲食店経営者（相手方）

協議の経過

1　第1回期日

本件漏水事故が東日本大震災に基因していることについて当事者間に争いはなかった。

Xとしては，本件建物が老朽化していること（昭和55年築），本件建物が繁華街の密集地に建てられ，問題の漏水事故が地下の貸室で発生していることなどから，原因を究明することは極めて困難であり，実際に修繕が可能であるか否かも不明であること，また，修繕可能であるとしても多大な費用が想

定され，業者を探すことも困難であることから，貸室の修繕の必要性は認めるものの，本件貸室の修繕は不可能であるとして，同室の早期明渡しを求めた。これに対し，Yは，確定期限を付けて代替貸室を探し貸室を明け渡すことは困難であるため（物件探しは以前から始めているが，現在の立地条件に見合うものが見つからない），代替貸室が見つかるまでの間，賃料を半額に減額した上で，賃貸借関係を継続させたい（貸室明渡しは営業利益を失い経済的損失が大きい）との意向であり，当初，当事者間の問題解決の基本的スタンスは大きく異なり，話合いは平行線をたどった。

　本件の争点は，当初，Yが本件貸室を明け渡す義務があるのか否かにあったが，申立書や答弁書等に現れていない当事者双方の言い分や本題になっていない当事者間の争いをお聴きしながら，譲歩できる内容を模索していくうちに，Yから，家賃を平成24年3月から同25年3月まで半額とする，同年4月以降は家賃を満額に戻す，転居先が見つかるまで賃貸借関係は継続させる，未払いの家賃や共益費等実費は直ちに支払うという譲歩案が示された。これに対して，Xは，現状のまま期限のない賃貸借関係を継続させることは受忍し難く，未納家賃等の支払（預託された敷金800,000円による相殺）と，確定期限を付した退去明渡しを求めるという主張を崩さなかった。

　仲裁人としては，工事費用や工期等の観点から漏水の修繕は極めて困難であると思われること，また，本件貸室が飲食店として利用されていることに鑑み，漏水に基因する衛生問題が懸念されること，特に後者は仲裁人としては放置し難い問題であるとの見解を示しつつ，その上でYの経済的状況を勘案した妥協点を見出すことができないか，当事者に更なる検討をお願いした。

2　第2回期日

　Yは，現店舗に開業のために多額を投資し，また固定客を掴んだ状況の中で，立退先である新店舗の確保の見通しがつかない現時点での本件貸室の退去明渡しは，経済的に死活問題であるとの理由から，賃貸借関係の継続に固執した。Xとしては，漏水に基因する衛生問題が生じた場合に責任を負えないこと（盛夏を迎える時期の期日であったため，喫緊の課題として取り上げられた）

を主張するとともに、金銭問題はともかくとして、当初の申立ての趣旨である本件貸室の早期明渡しを求めた。

これに対して、Yは、仲裁人の前回期日において示した見解も踏まえ、今後、貸室における衛生問題に起因する責任はYが全て負うこと、未払いの家賃や共益費等実費は直ちに支払うこと、さらに本件貸室に関する修繕費用を求めないという条件で、本件貸室の賃貸借関係の継続と家賃の減額を求めた。

家賃の減額について、Yは、改定された家賃の半額相当を求めたのに対して、Xは、20％程度の減額案を示したが、結局、調整の上、改定された家賃の70％相当に変更することで合意した。

結果、賃料の減額（月約83,000円）、未払賃料等の一括払い、漏水に関する修繕や衛生問題についてXは責任を負わないことなどを内容とした和解が成立した。なお、和解条項とは別に、家賃の支払厳守、鍵交換の連絡の徹底、双方の活動時間帯（Xのビル管理は午前中、Yの営業は夜間から深夜）を念頭に入れ、賃貸借関係の円満な継続に配慮することなどといった点について口頭で確認し、賃貸借関係の円満な継続をお願いした。

結　果

前記のとおり、第2回期日で和解成立により終了した。

コメント

Xは、貸室閉鎖に伴う経済的損失を視野に入れながら、今後の賃貸借関係継続に伴うリスクを回避することを前提に、Yの賃料減額請求に応じながら、一定の条件を付けての和解に応じた。Yは、理由はともあれ賃料等を約5カ月間滞納していたが、貸室を明け渡すことによる経済的損失をカヴァーできる、賃貸借関係を継続させる方向性での解決策を模索した。

当初、仙台弁護士会編『Q&A賃貸住宅紛争の上手な対処法〔第5版〕』（民事法研究会、2012年）Q55「地震による損壊―修繕不可能な場合」等を想定して、期日に臨んだが、結果は二者択一的なものではなく、当事者の申立書や答弁

書に現れないものも反映した解決に至ったと思う。当初，当事者は，金銭的なものを求めた解決案を模索したが，当職は仲裁人として，事故の漏水が上水とも下水とも雨水とも不明確な状況の中で，金銭的解決を主眼としたものに陥り，衛生問題に配慮を欠いた解決は致しかねること，また，建物の損壊が不可抗力によるものであり，その修繕が不可能と評価された場合の扱いに関する一般的な見解を示した。Yは瑕疵ある貸室（Xの修繕義務および家賃の減額請求）を強く主張していたが，当職が見解を示した後は，貸室の賃貸借関係をYの有利に継続させる内容の主張を後退させ，円満な解決に資する意見を出していただいた気がする。これも期日に同席された代理人の依頼者に対する法的助言が効を奏したものであると，両代理人の協力に感謝している。

なお，本件は，口頭による確認事項に示したような事情（震災発生以前から存在した当事者間のわだかまり）がなければ，ADRのような第三者機関を利用しない，当事者のみによる解決も可能であったかもしれない。

ケース10　修繕が不可能な物件における明渡請求

> 建物賃貸借契約の解約申入れにかかる「正当事由」の有無はどのように考えるか。

事案の概要

申立人（X）は自己所有の本件建物（店舗）を飲食業に使用する目的で相手方（Y）に賃貸していた。東日本大震災により，本件建物は全壊の認定を受けた（罹災証明書がある）。

Xは，本件建物の損壊による危害防止，今後の自己および家族の生活資金捻出のために本件建物を解体した上で土地を売却したいと考え，賃貸借契約を解消すべくADRの申立てに至った。

当事者

X：賃貸人。本件建物の所有者（申立人）

Y：賃借人。本件建物で飲食業を経営（相手方）

協議の経過

1 第1回期日

XおよびYから，それぞれの主張を聴取した。

Yの主張：本件建物での営業継続を希望し，立ち退く場合であっても相応の営業補償が必要である。

Xの主張：専門業者に本件建物について相談したところ，補修をしても安全性は保障できないと言われた。補修費も相当かかる。

本件の争点は，解約申入れにかかる「正当事由」のうち，①本件建物は経済的用法に従って使用するに耐えうる安全性を有しているか，②立退料，であることを確認し，次回期日から専門委員に加わっていただくことを決定した。

2 第2回期日

専門委員として建築士が参加し，現地で本件建物の状況を調査・確認した上で，協議をした。現地調査による専門委員の見解を踏まえ，次回以降は賃貸借契約の解約・明渡しの方向で協議を行うことを確認した。

3 第3回期日

立退料および明渡しに伴う諸事項を協議し，東日本大震災後に改定した賃料の18カ月分を解決金とする内容を含む和解が成立した。

結 果

前記のとおり，第3回期日で和解が成立した。

コメント

　建物の安全性の判断は難しいところであったが，専門委員として建築士に加わっていただき，専門的知見からの見解を説明していただいたことにより，当事者もより納得できたと思われる。その結果，その後の協議もスムーズに進んだ。

　立退料については，当初当事者の主張に開きがあったため，第3回期日において仲裁人から金額案を提示した。立退料の算定にあたっては，本件建物の使用を必要とする事情，賃貸借に関する従前の経過，本件建物の利用状況，本件建物の現況，修繕する場合の見積り費用を考慮して行った。幸いにして，当事者双方から理解を得られたため，和解を成立させることができた。

3　土地賃貸借の紛争

ケース11　建物周囲の損傷における補修義務の有無

　貸店舗において，店舗自体は損壊していないが，周囲の敷地に亀裂や陥没が生じ，出入り口前の敷地もコンクリートが捲れあがるなどして危険な状態になっている場合に，建物所有者は補修の義務を負うか。もしくは，建物の賃貸借終了事由となるか。

事案の概要

　申立人（X）が長年にわたり賃借している飲食店舗が東日本大震災において被災した。建物の躯体部分には大きな損傷はなかったが，周囲の敷地はコ

ンクリートの破損等で危険な状態となり，黄色テープが張られたため，営業が再開できない状態で2カ月以上経過した。賃貸人である相手方（Y）に補修を求めても応じてもらえない。

そのため，Xが建物賃貸人であるYに対して敷地の補修を求めた事案である。

当事者

X：建物の賃借人（申立人）
Y：建物の賃貸人（相手方）

協議の経過

1 第1回期日

XらおよびYから，それぞれの主張を聴取した。

Xの主張：建物の躯体部分は損壊していないので賃貸借は継続している。早急に敷地を補修して営業が再開できるようにして欲しいが，店内の造作等には相当程度の被害が発生しているので，もし，補修しないというなら相応の解決金の支払を受けて退去も考える余地がある。

Yの主張：本件建物はそもそも老朽化してテナントも少なくなっており，今後の補修費用は維持管理費用，耐用年数等を考えると，今回敷地を補修してもそれに見合う収益が期待できない。自分の自宅も被災して大規模損壊しており補修の資金も大変である。

敷地の損壊によって危険判定がなされているということは建物自体の使用が困難ということなので，いっそのこと建物を解体してXには退去を求めたい。そうでないとするならX側で安く補修できる業者を探して自分で補修してもらい，その分を今後の賃料と相殺してもらうのは構わない。

仲裁人の和解試案：解決金を受け取ってXが退去する方向性と，補修して営業を再開してもらう方向性の両面で検討されたい。とりあえず，仮に補修するとした場合の見積りを次回までに双方が業者に依頼して取り寄せてみて

いただきたい。

2　第2回期日

双方が業者から補修の見積りを取り寄せたが，工法の違い等のため，金額に大きな隔たりがあった。X側も，現実的に何カ月も店を閉めた状態からまた再開することも大変だという気持ちが大きくなったようであり，解決金の額について双方の具体的な希望を聞き，それを基にして立ち退きの方向で双方に検討していただくことにした。

ただし，賃貸借契約書が最初に作成された古いものしかなかったために，それに記載された敷金・保証金等の授受の事実について双方に認識の食い違いが見られた。また，賃料の一部が未払いになっているかどうかについても認識の食い違いが見られた。それ如何によっては解決金以外の精算の部分で問題が生じる可能性があるので，双方更に保証金等の授受や賃料の未払いを裏付ける書類等があるかどうかを確認してもらうこととした。

3　第3回期日

まだ,保証金の授受,賃料一部未払いの有無について双方の認識は食い違ったままであったが，そのような食い違いがあることも踏まえて一切を解決することにもメリットがあることを双方に理解していただいて解決金の額については互譲によりある程度の合意点を見いだせそうな状況に至った。しかし，それを前提に具体的な明渡しの期日や明渡しの条件等を協議していったところ，店内に設置された大型オーブン等の設備（これは前の賃借人が設置したのをいわゆる「居抜き」でXが借りた模様）が，X・Yいずれの所有に帰するのか（ひいては原状回復の対象となるのかどうか）という問題が生じた。

これについてはとりあえずX側で解体撤去の見積りを取ってもらった上で，次回にそれをどちらがどう負担するか（その分を解決金に上乗せするかどうか）を協議することとした。

4　第4回期日

結局，設備の解体撤去費用はXが負担することとし，解決金の額はXの希望額よりも若干低い金額となったが，双方が合意し，賃貸借契約を合意解除

すること，約1カ月後に退去明渡しを行うこと，解決金については半額を約2週間後に，残額を明渡後に支払うという内容で和解が成立した。

結果

前記のとおり，第4回期日で和解成立となった。

コメント

　法律的には最大の争点は敷地の損壊が建物自体の賃貸借契約終了事由になるかどうかということになり，現実にはX側も既に数カ月休業しており，店内の様子も地震直後のまま散乱した様子だったことが窺われ，必ずしも再開にこだわるつもりでもないように思われた。Yも早期に建物を取り壊して駐車場にしたいという気持ちをお持ちのようだったので，退去の方向で検討することについては比較的早期に方向性が出せたと思われる。

　ただ，古い契約なので細かい部分で認識に食い違いが多く，退去の条件や精算を巡って合意形成には困難を極めた。

　それでも粘り強く双方にとってメリットがあることを説得したことで，どうにか意見の対立を乗り越えて解決にたどり着くことができたのではないかと思っている。

　終了時には両方の当事者から感謝の言葉をいただいたので，苦労も報われた思いがした次第である。

第2章 建設物の倒壊等による相隣関係の紛争

1 家屋損壊による紛争

ケース12 屋外駐車場の自動車への建造物の落下

大手スーパーの屋外駐車場（4階部分の入口建造物付近）に駐車していた車に，その建造物が破損し，同車に建造物の一部が落下し同車を損壊させた場合，損害賠償義務はあるか。損害賠償義務があるとして損害額はどうなるか。

事案の概要

申立人（X）が大手スーパーを経営する相手方（Y）店舗に車で買物に来て，4階部分の駐車場（建物に入る入口の構造物に隣接した場所）に駐車した。東日本大震災により，その入口の構造物の一部が損壊し，車に落下し，車の屋根部分が損壊した。

Xの父Aは，建築基準法等の知識を有する公務員であり，この構造物の建築が建築基準法違反の構造物であったためこのような事故が起きたと主張して，Yに対し1,000,000円の損害賠償を請求した。同車両は平成20年2月に新車で，1,260,000円で購入したものであるが，中古車としても800,000円の価値を有すること，レッカー移動料30,000円，廃車手続20,000円，新車登録費用等150,000円，以上合計1,000,000円と算出した。

申立人プレ審理（Aからの事前聴取）の結果，車の所有者がXであり，かつ使用していた者もXであったことから，申立人をXと訂正させた上で，AをX代理人としてADRに参加させることとした。

Yからは事前に答弁書の提出があり，それによると，本件構造物の損壊は想定外の大地震によるものであり，Yに損害賠償の義務は無く，本件スーパーを建築施工したBをADRに参加させてほしいとの申出があったので，これを許可した。Bも工事施工に責任は無い旨の見解書を事前に提出した。

当事者

X：車を駐車し，大手スーパーで買い物をしていた主婦（申立人）
A：Xの父
Y：大手スーパー経営会社（相手方）
B：大手スーパーYを建築した建築会社（ゼネコン）

協議の経過

1　Y・Bの主張

本件スーパーの周辺の建物を見ても，建物破損物の落下によって駐車していた車が損壊している例があり，本件建物だけのケースではない。そして，周囲の解決例は，不可抗力ということで賠償金が払われてはいない。

本件建物は建築基準法をパスし適法に建築されたものであり，Aの主張は事実に反する。

以上より，賠償金を支払うつもりはない。しかし，見舞金として50,000〜100,000円程度の金員を支払う用意はある。

2　Aの対応

50,000〜100,000円程度の見舞金では納得できないが，1,000,000円を減額する余地はある。

3　仲裁人―Aに対して

ADRによる話し合い決裂の場合は訴訟ということになろうが，建築基準

法違反ということであれば，専門家の鑑定書等が必要になる場合もある。また，現段階においては建築基準法違反か否かは判定できない。紛争を早期に解決するということを主眼にして減額はできないか，とAを説得したところ，300,000～500,000円ということであれば考える余地もある，との回答を得た。

 4　仲裁人―Yに対して

　Aは請求額の半額の500,000円まで減額しているが，この前後で和解するつもりがあるかを聞いたところ，500,000円では和解できないとのこと。そこで，もしADRによる話し合い決裂の場合は訴訟等が提起される可能性があり，その場合のYの不利な点，また有利な点等を説明し，訴訟等で解決することは必ずしも得策ではないことを説明したところ，Yから300,000円を支払うという解決案が出された。ただ，Y社社長の決裁を得ていないので今は決められないと言うことだったので，この場から社長に電話をして決裁をとるようお願いした。YはBとも相談の上，Y社社長と電話で協議をし，300,000円の支払につき決裁を得られた。このような経過を経て第1回にて和解成立となった。

コメント

　ADR申立人につき，車の所有者本人ではなく，その父が申立人となっていたので，申立人を変更し，父は代理人として関与させた。

　建築基準法違反か否かという事実認定の問題に介入すれば，Bも大手建築会社（ゼネコン）であり，またAも建築基準法関係の職務を行う公務員であったことから，紛争が泥沼化することが予想されたので，そこは灰色のままにして金額の調整に入った。

　双方に，お互いの主張の不利な点を認識させ，かつ訴訟に突入すれば，時間的にも金銭的にも負担が大きいことを説得したところ，歩み寄りが生じ，和解ということで落ち着いた。ADRが不調になり裁判になった場合の論点整理，見込み等を説明し，当事者を説得することが必要だと感じた。

ケース13　外壁の落下による建築物の損傷

> 落下した外壁の破片が飛散し、向かい側の建物に損傷を与えた場合、所有者は賠償責任を負うか。

事案の概要

　4月7日の余震で、申立人（X）所有の木造家屋のモルタル外壁1枚が落下し、向かい側にある相手方（Y）所有のアパートの方に飛散して損害を与えた。

　YからXに対し、ベランダのフェンスの交換工事、外壁交換工事、エアコンコンプレッサー交換工事等、合計約430,000円の損害賠償請求がなされた。これに対し、Xは損害賠償の義務があるのか、あるとした場合でも負担割合は、どのようになるのか話し合いたいと、本申立てに至った。

当事者

　X：木造家屋（貸家）の所有者（申立人）
　Y：賃貸アパートの所有者（相手方）

協議の経過

　X及びYから、それぞれの主張を聴取した後、法律的な問題点を説明したところ、第1回期日で和解が成立した。

　Xの主張：東日本大震災では、本件家屋は隣家側に若干傾いたが、モルタル外壁は大丈夫だった。建築士が見て、今すぐ倒壊することはないが、壊した方がよいとアドバイスされた。解体工事を頼んでいたが、資材不足、人手不足等で工事に着手できないでいたところ、4月7日の余震が発生し、Yのアパートに本件のような被害を与えた。このような場合にも自分の方にも賠償責任があるのか、どの程度の責任を負うのか。さらに工事費についても、

第2章　建設物の倒壊等による相隣関係の紛争

工事内容，単価について納得できない部分がある。

　Yの主張：本件家屋は古い建物であり，全額賠償をしてもらいたい。また，工事費については適正な見積りである。しかし，震災によって発生した壁の落下であることも考え，賠償額については検討の余地がある。

　仲裁人の和解試案：第1回期日において，法律的にはかなり難しい問題を含んでおり，訴訟で解決するには，場合によっては長期間要することになる可能性もあることを説明し，請求額の約半額200,000円の支払を提案した。

結　果

　双方早期解決を希望して，第1回期日で和解が成立した。

コメント

　法律的には，震度6強の余震によってモルタル外壁が落下，破片が飛散して損害を与えた場合に，民法717条の土地・工作物の所有者であるXに設置・保存に瑕疵があったとして不法行為責任が問えるかという問題がある。

　本件家屋は，昭和42年頃に新築，同49年頃増改築，最終的には平成18年頃改装したが，増築箇所ではない本件モルタル壁については特に手を加えなかった。

　ところが，東日本大震災で建物全体が若干隣家側に傾いたため，倒壊の危険はすぐには差し迫っていないものの，専門家のアドバイスで解体することとなった。しかし，当該震災の影響による資材不足，人手不足で着工できずにいた。そこに4月7日の余震が起き（当該地区は震度6強），本件のような被害が発生した。ただし建物は倒壊しなかった。

　以上のような状況のもとで，外壁が老朽化していなかったか，モルタル壁の修繕，補強の必要性がなかったか等が争点となりうること，ただし，地盤についての裁判例ではあるが宮城県沖地震の際の裁判例（仙台高判平12.10.25判例時報1764号82頁）において「震度五の程度の地震動に対し，地盤上の建築物に軽視できない影響を及ぼすような地盤の亀裂，沈下などが生じない程

度の耐震性を備えることが要求されているとみるべきであ」るとの判断がなされており，本件のように震度6強の地震の場合には保存に瑕疵があっても予測不可能として賠償責任を否定される可能性もあること，そして本件では余震でも震度6強であるから，さらに責任を否定される可能性も高いと考えられること，その一方で，阪神淡路大震災以降，震度6弱または震度6強といった地震も頻発しており過去の裁判例がそのまま当てはまるとは言い難いこと，大震災で倒壊の危険性を指摘されていたのだから，所有者としてできる限り，他の何らかの措置を取るべきではなかったか等々の問題が考えられた。

本件においては，本件申立ての前に，すでにYからXに対し損害賠償額が示されていて，Xの方でも，その内容を検討していたこと，また，法律的な問題については双方ともADRの考え方に従って解決するつもりでいたことなどから，早い解決ができたものである。

ケース14 余震による落下物防止義務の有無

> 本震で瓦が落下して隣家の車を損傷したが，そのまま何の対策も取らなかったため，余震でまた瓦が落下して隣家の車をさらに損傷してしまった場合，修理費としてどの程度を負担すべきか。

事案の概要

申立人（X）と相手方（Y）は，分譲住宅地内の隣家同士である。Y敷地のうち駐車スペースは，X敷地に接する部分に縦列に2台停められるように設けられている。X敷地では，Y敷地と接する部分ギリギリまで建物が建っている。

東日本大震災の際，Xの建物の瓦が落下してYの車を損傷した。YはXに，

車の損傷については告げずに「余震で瓦が落下しないように予防措置を取って欲しい」と依頼したが，Xは，物資不足が解消してブルーシートをかけた家がたくさん見られるようになった後も，予防措置を取らず，また，Y敷地に散乱した瓦を片付けなかった。

　4月7日の余震の際，再びX宅の瓦が落下し，再びYの車を損傷した。

　YはXに対して，車両修理費の負担と瓦落下の予防措置を取ることを求め，これに対しXは，瓦落下の予防措置については（時期に争いはあるが）平成23年中に実施した。他方，車両修理費については，Xとしては，4月7日の余震による部分については支払う必要があると考えたものの，Yの請求の仕方に恐怖を感じたこと等から，負担割合を決めるにつき第三者を入れるべく，本申立てに至った。

当事者

　X：瓦が落下した自宅建物の所有者（申立人）
　Y：隣家の瓦で損傷した車の所有者（相手方）

協議の経過

第1回期日で和解が成立した。
Yの主張の要旨は以下のとおりであった。
① 東日本大震災後，再三にわたって予防措置をお願いしたのに対応してもらえなかった。東日本大震災による損傷は不可抗力としても，4月7日の余震による損傷は防げたはずである。
② Yは，隣家の瓦が原因とはいえ，自宅敷地内外で通行人や訪ねてきた人が怪我をしないよう，「瓦に注意」という看板を設置したり，子どもが入ってこないようバリケードを設けたりした。また，Xに予防措置を取ってもらえない間は，X敷地からできるだけ離して駐車することを強いられた。
③ Xからは，これまでただの一度も謝罪がなく，話し合いに行ってもい

つも逃げ腰であった。
④　本件とは直接関連しないが，Xの同居者が営んでいる事業の関係でXの敷地内には危険物が散乱している。敷地内ではあるが，置き方や，子どもが入ってこないような措置を取っていないことなど，周囲に気を遣う様子はない。周囲の安全に対する配慮がなさすぎる点が，本件と共通する。

Xの主張の要旨は以下のとおりであった。
①　余震による損傷については支払義務があると認識している。一度も謝罪していないことはそのとおりで，謝罪の気持ちはある。
②　支払う気持ちはあったが，余震の後のYのXに対する言動には行き過ぎたものがあったと思う（暴行，脅迫まがい）。

法的に唯一の争点となる，車両修理費の負担割合については，4月7日の余震による損傷相当分を70％と見てこれをXの負担とすることをYが提案し，Xは了承した。

Yは，和解の前提として，Xが周囲に対する配慮に欠けることを問題にしていたので，仲裁人を通じてXにYの懸念を伝え，たとえ敷地内であっても危険物の置き方には注意し，その他，周囲の安全に配慮するよう伝えたところ，Xがこれを了承した。

また，和解成立時にXYを同席させ，前記要望をYからも直接Xに伝え，Xも直接謝罪した。

結　果

車両修理費の70％（約120,000円）をXがYに支払う内容で和解が成立した。

コメント

Yは当初，被害を受けた上に加害者からこのような場に呼び出されたことについての不快感を表明し，ADRに応諾はしているものの「話し合いのテーブルに着いた」とは到底言い難い雰囲気であった。また，金額（負担割合）

についてだけでいえば割と早期に合意できそうであったが，感情的なしこりが残りそうであったことから，仲裁人から「隣家同士であるから，仲良くすることは無理でも，この機会にせめてマイナスをゼロにしておいたほうが良いのではないか」と申し向け，主にYから聴取することに時間を割いた。

そうすると，普段からXに周囲への安全配慮の意識が低く，本件は起こるべくして起きた，というYの不満が聴取されたので，これをXに伝えたところ，Xが素直に反省した。このことが，第1回目での解決に繋がったものと思う。

なお，被害発生後の両者の行動についても，双方から不満が述べられた（Yはヒステリックに請求し，Xは逃げ腰・無愛想）が，仲裁人としては，どっちもどっちで，鶏が先か卵が先か…という印象だったため，こちらについてはあまり踏み込まなかった。

2　土地の液状化などによる紛争

ケース15　隣地からの流水と液状化

隣の土地から雨水が流れ込む状況の土地の所有者は，震災により液状化が起こったとして，隣地所有者に対して修復工事代金の一部の支払を求めることができるか。

事案の概要

申立人（X）は，自身の居宅の北側に擁壁を建設するとともに側溝を設けていたが，相手方（Y）の敷地から当該北側側溝にパイプがつながっており，雨水がY敷地からも流れ込んでくる状態になっていた。

東日本大震災発生後，X敷地は液状化がひどく，修復工事が必要となった。

Xは，Yに対して修復工事の代金の一部の負担，相当額の損害賠償金の支払，側溝に通じているパイプの除去を求めて，本申立てに至った。

当事者

X：液状化した土地の所有者（申立人）
Y：Xの隣地所有者（相手方）

協議の経過

1　第1回期日

XおよびYから事情を聴取した。

Xの主張：X敷地の液状化が起こった原因は，Yが勝手にX敷地内の側溝にパイプを通してY敷地から雨水が流れ込む状況だったことにもあるので，Yは修復工事代金の一部を負担した上，相当額の損害賠償金を支払い，パイプを除去すべきである。

Yの主張：Y宅からX宅につながっているパイプはコンクリートで塞いだので，この件は解決したものと思っていた。液状化が起こった原因が，Y宅からの雨水によるものかどうかは明らかではない。

Xの主張：パイプはコンクリートで塞いだとしても解決にはならない。X宅側に向いたパイプ（埋設してあるもの）が他にあればそれをYの費用で撤去してほしい。

現地の状況を認識した上で手続を進めるのが相当と考え，次回は現地で期日を開催することにした。

2　第2回期日（X・Y宅敷地で開催）

X宅でY宅の境界付近の状況の説明を受けた。

東日本大震災後に判明したY宅からX宅の排水路に通じているパイプはコンクリートで塞がれていた。

Xは，これ以外にも配管があり，Y宅からX宅の地下に水が流れている可

能性があると指摘した。この事実を確認するため（加えてX宅の排水を整備するため）Xにおいて掘削工事の見積りをとってみることとされた。また，掘削の結果，他に配管があることが判明したらYが塞ぐことも検討された。

次回はXの用意する見積書をもとに，Yが費用の一部を負担できるか検討することとした。

3　第3回期日

Xの主張：原因調査のための掘削工事見積書を持参した上，①北側・東側の工事：735,000円，②北側のみの工事：420,000円であり，①の金額の50％に相当する367,500円をYに負担してほしい。

Yの主張：どうして自分が負担するのか納得いかないが，解決のために100,000円までは譲歩する。

その後協議をした結果，Xは300,000円，Yは210,000円まで歩み寄った。差額90,000円について調整できないか次回までに双方検討してくることにした。

4　第4回期日

協議をした結果，YがXに歩み寄り，Xが求める300,000円を支払う等の内容で，和解が成立した。

結　果

YがX敷地の掘削工事代金の一部として300,000円を負担するという和解が成立した。

コメント

Xの被害は気の毒であったが，Y宅からの雨水が原因かどうかは明らかではなかった。Yは，Xの主張の裏付けには疑問を抱き，当初和解金の支払による解決には前向きではなかったが，仮にY宅パイプからの雨水が原因であった場合には多額の賠償義務を負う可能性もあり得ること，隣地当事者間で紛争が継続するのは互いにとって負担であること等の説明を受け入れ和解

に至った。

　第1回期日におけるXの要求内容が大きなものであったことから，和解は難しいかと思われたが，最後は穏当な水準に落ち着いたと思われる。

3　その他の工作物の倒壊による紛争

ケース16　ブロック塀の倒壊による損害①

　震災でブロック塀が倒れ，隣家のアパートの壁とアパートの住人のバイク等を壊した場合，ブロック塀の所有者は損害賠償義務を負担するか。

事案の概要

　東日本大震災により，申立人（X_1）所有のアパートと相手方（Y）自宅の境界に設置してあったブロック塀（Y所有）が倒れ，アパートの壁に1メートル四方くらいの穴が開いた。それとともに，アパートの敷地に置いてあった申立人（X_2）所有のバイク1台と自転車2台が壊れ使用不能となった。

当事者

　X_1：相手方宅の隣地にあるアパート所有者（申立人）
　X_2：アパートの賃借人（申立人）
　Y ：ブロック塀の所有者（相手方）

協議の経過

　1　プレ審理でのXらの主張
　東日本大震災直後，Yは「全部弁償する」とXらに話していたが，その

後、Yが弁護士に相談したところ、「払う必要はない」と言われたため、以後、Xらとの話し合いに応じようとしない。Xらも弁護士に相談したところ、「払わなくてよいとまでは言えない」と言われ、震災ADRを紹介されたため、本申立てに及んだ。Xらは、Yの近所の家ではほとんどブロック塀が倒れていないこと、倒れたブロック塀には鉄筋が東西の端だけ密に入っているが、中央部分には4～5メートルの間、入っていない部分があったことから、ブロック塀には十分な強度がなかった等と主張した。外壁の損害として100,000円、バイク・自転車の損害として60,000～70,000円を払ってもらいたい。

2　第1回期日

X_1から修理代金の領収書、X_2からバイクの廃車費用の領収書が提出された。

(1)　Yの主張

ブロック塀は他の家でも倒れている。専門業者からYのブロック塀は宮城県沖地震でも倒れなかったのであるから強度は十分と言われた。X_1の主張する修理代金（約80,000円）は高すぎる。X_1は、1,000,000円払えと言ったり100,000円でいいと言ったりして話の内容が変わるので恐ろしくなって弁護士に相談した。そうしたら、「震度6強という大地震なので、不可抗力として払う必要はない（と断言した）。話がこじれたら裁判で請求するよう言えばいい」との回答だった。バイクは昨年で自賠責保険が切れており使用できない状態なので払う必要がない。自転車の損害については、本申立てで初めて請求され困惑している。本申立前にYがXらに30,000円が入った封筒を渡そうとしたが、受け取って貰えなかった。壁の損害について20,000円、バイクの損害について10,000円程度の見舞金は払ってもよい。

(2)　仲裁人から双方に説明

本件の争点は、ブロック塀倒壊の原因が東日本大震災によるものか（不可抗力）、ブロック塀の瑕疵によるものなのか（Yに損害賠償責任があるか否か）である。

本件の場合，仙台弁護士会の公式見解（震災相談Q&A・Q19）は次のようなものである。今回の東日本大震災は「不可抗力」として賠償責任が生じない可能性は高いが，周囲の他のブロック塀が倒れていなかったり，もともと欠陥があって倒れやすい塀だったりする場合は責任が生じる可能性もある。

(3)　Xらの主張

　早く賃借人を入居させたかったので，壁の修理はすぐに修理してくれる業者に依頼して修理を済ませた。修理代金が約80,000円かかった。相手方が提出した見積書（40,000円）の業者に電話したら修理に1カ月くらいかかるという話だった。他の業者も大体70,000〜80,000円くらいの見積りだった。バイクはタイヤを交換したばかりでまだ乗れる状態だった。廃車費用として5,250円かかった。Yは，最初は全額弁償すると言っていたのに，掌を返すように「支払えない」と言うのは不誠実である。1,000,000円の話は損害が人や車でなくて良かったという話で，車なら1,000,000円くらいだが，バイクだったから100,000円くらいだと話したものである。自転車の損害の話は最初からYにしていた。すべて地震のせいにしてYの態度はひどすぎる。謝罪をしてほしい。

(4)　Yの主張

　X_1の主張する修理代金の領収書を見せて欲しい。別の業者に見積りしてもらったら約50,000円だった。X_1の主張は高すぎる。領収書を見せて貰えば半分は払ってもよい。バイクについては10,000円であれば払ってもよい。

2　第2回期日

　Yに代理人が付いたため，双方同席で事情を聴取した。ブロック塀の瑕疵の有無を調査するため専門委員を選任することとした。

　Xらの主張は概要，①損害全額支払って欲しい，②謝罪をしてほしいというものであり，Yの主張は概要，①外壁工事領収書の内訳を出して欲しい，②現地調査をする場合は外壁工事の費用も調査して欲しいというものであった。

3 第3回期日

第2回期日の後，Yから，譲歩する用意があるので専門委員を選任する必要はないとの連絡を受けたため，通常の期日を会館で開催した。

Yは，自分に責任があるわけではないが，早く争いを解決したいので，壁について実際にかかった修理代金と，バイクと自転車について10,000円の見舞金を出してもいい旨の回答があった。この旨をXらに伝えたところ，同意を得た。

結　果

前記のとおり，YがX$_1$に対して実際にかかった修理代金を，X$_2$に対して10,000円を支払う内容で和解が成立した。

コメント

本件のような事案は，東日本大震災後に類似の申立てが多かったと思う。ブロック塀が通常の強度を有していたか否か判断が難しい事案である。提出された写真によれば，相手方自宅近所にある複数のブロック塀が倒れていなかったことや，倒れたブロック塀の写真によればブロック塀の鉄筋の数が少ないように見えたことから瑕疵の存在が推定された。念のため，建築士の専門委員を選任し判断してもらうつもりであったが，相手方が譲歩したため，現地調査をすることなく和解成立に至った。

本事案の特徴は，申立人，相手方とも，弁護士の法律相談を受け，異なる回答を得たため，お互いが自らの主張をなかなか譲らなかったことである。本件のように責任の有無について判断が分かれるような事案においては，弁護士は慎重であるべきであると痛感した。弁護士の軽はずみな回答で却って争いが大きくなってしまった事案であると感じた。

ケース17　ブロック塀の倒壊による損害②

1　申立人に所有ブロック塀倒壊の責任があるか否か。
2　相手方の損害額はいくらか。

事案の概要

申立人（X）は，仙台市泉区所在の建物および本件ブロック塀を所有および占有していたところ，東日本大震災により，本件ブロック塀が倒壊し，隣接する相手方(Y)の敷地およびY所有物置に激突し，同物置が傾いた。さらに，同物置に隣接するY所有駐輪場の地面と雨どいを損傷した。

同年5月，Yの使者がX宅に被害見積りを持参したが，その金額は336,000円であった。

Xの考えでは，本件ブロック塀の倒壊は震度6以上の地震によるものであり（仙台市泉区の最大震度は6弱であった），いわば不可抗力によるものであるから，Xが責任を負う理由はない。しかし，隣人間の事件であるから，損害を折半し，Xは168,000円を負担することとしたい。

しかるに，Yは，Xに対し，損害全額の請求を継続するので，Xは，168,000円を超えて支払義務がないことの確認を求めて，本申立てに及んだ。

当事者

X：本件ブロック塀の所有者（申立人）
Y：本件ブロック塀による被害者（相手方）

協議の経過

1　第1回期日

XおよびYから，それぞれの主張を聴取した。そして，専門委員として建築士に入っていただき，本件ブロック塀倒壊の責任がXにありとの判断を示

された。

　また，Yの損害額は，前記336,000円はすでに業者に支払済みの現実の損害であったが，それ以外にも損害はあるようであったが，本件ではこの金額の損害の負担割合を決めることとした。

　協議の結果，ほぼ3対1の負担割合とすることで合意ができ，Xが250,000円，Yが86,000円の負担となった。

　そこで，和解が成立した。

結　果

　前記のとおり，第1回期日で和解が成立した。

コメント

　きわめてすみやかに和解による解決ができ，よかったと感じている。

　その原因は，何といっても，X・Y双方が，相手のことを考慮しながら，互いに譲り合って早期解決をなすという対応をしていただいた点にあったと考える。

　また，第1回から建築士に専門委員として入っていただき，Xに責任があることを明確にしていただいた点も特筆すべきである。

　本件は，同種紛争にありがちな，相手方に対する感情的な対応がほとんどなかったのが，素晴らしいことであり，仲裁人としてもうれしく感じた。

ケース18　擁壁の倒壊による損害

> 震災による擁壁倒壊の損害賠償責任が擁壁所有者にあるのか。

事案の概要

東日本大震災により，相手方（Y）所有の擁壁（高さ約5メートル）の一部が崩れ，申立人（X）所有家屋の一部とXの隣の家屋の一部が損壊した。当該擁壁は，宮城県北部地震の後，Yが，擁壁上部の土を取り除き，代わりに発泡スチロールを入れてブルーシートで覆っていた。それに対し，崩落のおそれがあるとして，Xら擁壁下の家屋所有者達が，Yに対し，崩落防止措置を取るよう申入れを行うなどしていた。なお，崩落後，Yは，4,100,000円をかけて，崩れた擁壁の除去を行っている。

当事者

X：Y宅の崖下に家屋を所有する隣人（申立人）
Y：擁壁に支えられた崖上の家屋所有者（相手方）

協議の経過

1 申立人プレ審理期日

まず，Xの主張を聴取した。

東日本大震災後，4月7日の余震の際，Y宅の擁壁がXの敷地に崩れ落ちてきて，X宅の一部を損壊した。問題の擁壁は，宮城県北部地震を機に，Yが擁壁上部の土を抜き取り，代わりに発泡スチロールを入れ，上からブルーシートを被せていた。不安を感じたXら崖下の住民らが，Yに対し，擁壁の修繕を申し入れていたが，対応してもらえなかった経緯がある。

今回の地震では，発泡スチロールを入れた部分だけが崩壊した。Yは4,100,000円をかけて崩れた擁壁を撤去した。Xの損害は，①アルミの出窓2箇所，②勝手口ドア2箇所，③外壁，④柱で，修理費の見積書では7,500,000円であった。見積書を持ってYに対応を求めたが，Yは，自分に落ち度があることは認めつつも，自分も被害者だから支払えないとの回答であった。

Xに対し，第1回期日に，現場写真を持参するよう要請した。

2 第1回期日

Yの主張：Yは40年前に造成された土地を購入した。その後，擁壁が崩れそうになる度に補修工事を合計3回実施した。宮城県北部地震後，Yは，擁壁上部の重量を軽くすれば崩れにくくなると考え，擁壁上部裏側部分を幅10m，奥行き約3m，深さ約2mにわたり土を掘り起こし（70t），代わりに発泡スチロールを敷き詰め，その上からブルーシートを敷いた。瓦礫の撤去費用4,100,000円はYの妻の貯金を主な原資として支出した。Yの収入は，パート収入50,000円，年金45,000円，貸し駐車場36,000円である。妻は無職，娘が生活費として20,000円負担している。7,500,000円はとても支払えない。

Xの主張：8年前に自宅を新築した。Yは，東日本大震災後，Xの被害状況を確認していない。

仲裁人，専門委員から，次回期日までに，①Yは，X宅を訪問して被害状況を確認すること，②Yは，どれくらいの金額を捻出できるか検討すること，③Xは，Yの資力，立証の困難さ等に鑑み，どの程度の金額で折り合いをつけるか検討することを提案した。

3 第2回期日

Xの主張：Yは，X宅を訪問して被害状況を確認していない。X宅の最低限修理が必要な箇所は，①柱1本，②外壁，③出窓，④勝手口，⑤備え付けの食器棚である。

Yの主張：本件紛争が解決しない限り，X宅の被害状況確認に行くことはできない。解決金として1,000,000円なら用意できる。

仲裁人，専門委員から，両当事者に対し，以下の提案を行った。現状ではYから1,000,000円以上の金額を出してもらうことは難しそうである。ADRが不成立となれば，裁判で決着をつけることになるが，本件の性質から判断して，ADRで解決する方が望ましい。Yの解決金1,000,000円に，市からの補助金約500,000円を加えた1,500,000円があれば，X宅の必要最低限の修理は可能と思われる。

X，Y双方が仲裁人の提案を受け入れ，YがXに1,000,000円を支払う内容で

和解が成立した。

結　果

前記のとおり，第2回期日で和解が成立した。

コメント

　Yは，擁壁崩落の責任は認めないものの，Xの損害を賠償する意思（問題解決の意思）は有していた。ただ，自分も東日本大震災の被害者であるとして，1,000,000円の支払は認めたものの，それ以上は出せないと主張した。それに対し，Xは，その金額では不十分であると主張し争った。仲裁人からXに対し，和解が成立しない場合はYに対して訴訟を提起するしかなく，費用と時間がかかること，Yの責任を立証することの難しさ等を説明したところ，1,000,000円の支払に同意した。今後の擁壁の安全性を確保する方法としては，擁壁崩落対策事業を利用することで合意した。

　損害賠償の金額が最も争いになったが，訴訟になった場合のXの不利益について，仲裁人から説明し，Xがその内容を理解したことが大きな契機となり，合意に至った。Xの当初の請求額は，完全な原状回復をする場合の費用であった。仲裁人が，居住するため最低限必要な修理費用を専門委員に算定してもらったところ，約1,500,000円程度であった。そこで，修理のための公的補助金約500,000円を考慮すれば，居住できる程度の修理は可能であるとのXへの説得も和解成立に効果があったと思う。弁護士と建築士が専門知識を使って双方当事者を説得したことにより解決に至った側面が大きいと感じた。

4　漏水事例

ケース19　閉栓忘れによる漏水による損害

震災時の閉栓忘れによる漏水について過失責任を問えるか。また損害の算定はどのようにすべきか。

事案の概要

　申立人（X）は分譲マンション（築5年程度）の102号室区分所有者，相手方（Y）は同じマンションの202号室区分所有者である。

　東日本大震災発生直後，Yは，子どもらの安全のため，自宅近くの施設に避難した。この時，Y宅洗面所の洗濯機用の水道が開栓状態となっており，ホースが外れていたが，当該地震発生直後は断水状態だったので，Yは，ホースが外れていることに気づかなかった。

　当該地震の翌々日ころに，同マンションの通水が復旧し，水道がとおり始めた。

　ところが，Y宅の洗濯機用の水道はホースが外れたまま開栓状態となっていたので，Y宅にて漏水が発生し，Y宅の床に溜まった水が直下のX宅に浸水し始めた。

　これに気づいたXが，急いで避難していたYに連絡して，Yに自宅に戻ってきてもらい，洗濯機用の水道を閉栓した。

　しかし，X宅の天井付近からは既に浸水があり，X宅の洗面所天井を中心に洋室の天井までが水浸しとなり，ボードにカビが発生する等の被害が生じた。

当事者

　X：分譲マンションの下階住人（申立人）
　Y：分譲マンションの上階住人（相手方）

協議の経過

　1　第1回期日
　Xの主張：修補額は2,500,000円程度の見積りとなる。なお，建物部分以外の動産にも損害が出ているので賠償してほしい。
　Yの主張：当初聞いていた額より高いのでもう一度見積りをし直してほしい。Xには保険金が支払われているのでそれで直せるのではないか。
　仲裁人の意見：Xに再度見積りを求める。保険金で損益相殺をすることが有り得るか検討してもらう。
　2　第2回期日
　Xの主張：修補額を漏水による影響のあった箇所に絞ると650,000円程度となる。ただし，クロスやボードを剥がした結果として増額になる可能性はある。
　仲裁人の意見：見積りについては了解した。次回は専門委員の建築士立会いで現地検分を行いたい。なお，保険については保険者代位のない限り損益相殺はないので保険者代位の有無を確認されたい（結果，保険者代位はなし）。
　Yの意見：見積りとしては了解する。次回は専門委員の建築士立会いで，見積りが適正かどうか確認してほしい。
　3　第3回期日
　仲裁人および専門委員（建築士）の意見：現地を検分し，建築士から見積りに問題なしとの回答を得る。
　Xの主張：動産の損害も請求したい。建物補修工事と合計して1,000,000円は超える。また，工事を始めて構わないか。
　仲裁人の意見：動産の損害については明細を提出されたい。工事について

は代金不払いのリスクはあるが，工事が終わってみないと損害の全額が不明なところがあるので，開始はやむを得ないかと思う。

4　第4回期日

仲裁人の意見：期日間に取り外し後の黴びたボードを預かる。また，申立人より工事費用が合計460,000円となった旨の連絡あり。

Yの主張：動産の損害については確かな明細がなければ支払う意思はない。

仲裁人の意見：500,000円～1,000,000円程度の賠償が相当と判断し，提示する。

5　第5回期日

仲裁人の判断を尊重していただき，YよりXに解決金700,000円を支払う，という内容で和解が成立した。

結　果

前記のとおり，第5回期日で和解が成立した。成立手数料は相手方負担とされた。

コメント

震災時でなければ，洗濯機の閉栓忘れおよびホースが外れたことによる漏水については，当然に上階の住人の過失責任となるし，減額もあり得ない。

しかし，今回の東日本大震災により建物倒壊の危険性もある状況であったことを考えれば，当該地震発生直後に閉栓を確認せずに部屋を離れ，その後連絡があるまで避難先から戻らなかったというYの行動については，全く過失がないとは言えないにしても，必ずしも責めを負わせられない部分があることも確かであった。

他方で，漏水が発生した時のXの恐怖感，また，大切にしていた動産が被害を受けたことによる精神的苦痛も十分考慮すべきところである。

賃貸ではなく分譲マンションであり，XとYが同じマンションの住人として今後も共に生活していくことを考えると，訴訟になることは避けたい事案

であったので，期日間にも両当事者と電話による連絡をとりつつ，慎重に和解あっせん手続を進めた。

　第3回期日では建築士と共にX宅，Y宅を確認し，見積りが適正であることを確認した。この点は和解解決の1つのポイントになったと思われる。

　動産類の損害については金額的な算定が難しかったが，慰謝料を含んだ趣旨で，補修工事代金に若干の加算をして解決した。当事者双方の和解解決への協力・意欲に謝意を表したい。

コラム5　大震災後はマンション管理のトラブルが多発する？！

　震災時には多くの住宅被害が発生しますがマンションもその例外ではありません。マンションの各居室の所有権は「区分所有権」といわれ，これは一個の物には一個の所有権しか成立しないとする民法の原則（一物一権主義）の例外とされ，「区分所有法」（建物の区分所有等に関する法律。俗に言う「マンション法」）が規律しています。

　マンションは数十から数百世帯が共同で生活していますが，「区分所有」や「共用部分と専有部分」といった用語の理解が容易でなく，各戸の個別事情もあいまって，震災後のマンションの復旧等をめぐっては各種の問題が生じやすいという特徴があります。

1　管理組合の責務

　管理組合は，「建物並びにその敷地及び附属施設の管理を行うための団体」であり，集会や規約等に基づき，区分所有者相互に不公平（不衡平）とならないようにマンションを維持管理します（区分所有法3条）。

　震災後，管理組合は共用部分（居住者の全員または一部が共用する部分）の修理や建物全体及び附属建物をどうするか協議する場を設け，決議に従い修理工事等を行うことがその中核的責務となります。

2　招集手続

　管理組合総会の招集手続は管理規約等に規定されていますが，震災後は各区分所有者が避難していたり，そもそも当該マンションに居住していない区分所有者（投資オーナー等）がいたりして，通常の招集手続が実行できないことがあります。

　この点，区分所有法35条4項には建物内の見やすい場所に掲示して招集する方法が規定されていますが，当該マンションが全壊認定され立ち入りが禁止された場合にはかかる方法は使えません。

3　復旧方法の問題

　管理組合総会を無事招集できた場合，当該マンションをどのようにしていくか決定しなければなりません。復旧の方法は，大きく，①修理，②建替え（再築）であり，復旧しない（できない）場合には③建物解体＋敷地売却をすることになります。

　①については修理方法や各区分所有者からの負担金徴収等が問題となります。

　②について，区分所有法は61条以下にマンションの復旧及び建替え決議について規定しており，被災マンションの復旧については被災区分所有建物の再建等に関する特別措置法も制定されています。もっとも法が規定する「滅失」の解釈は明らかでなく，「修理」か「建替え（再築）」かをめぐる管理組合内の合意形成の問題，買取請求・売渡請求の問題，予算捻出の問題等も発生します。

　③についてはあまり議論がされて来ませんでした。マンションの建物は区分所有権（専有部分）と共用部分の集合体ですので，建物を解体するには原則として区分所有者全員の同意と銀行等の担保権者全員の同意が必要になります。無事に建物が解体できたとしても敷地は各区分所有者の共有となりますので，その売却方法や売却代金の分配が問題となります。関係者全員の同意は現実的ではなく，被災マンションを合理的な手続によって解体・敷地処分する方法（多数決によって区分所有関係を解

消する方法）が必要であるとされていたところ，平成25年6月に改正被災マンション法（被災区分所有建物の再建等に関する特別措置法の一部を改正する法律）が可決され，立法的な解決が図られました。

4 資金の問題

(1) 公的助成金の利用方法及び分配の問題

東日本大震災において住宅被害を受けた被災者は，①被災者生活再建支援制度や，②住宅応急修理制度を利用することができました。

各制度の詳細は別稿に譲りますが，①はマンションの「区分所有者」ではなく「入居者」に支給されるものであることから，特に加算支援金（住居を修理等をした際に支給される支援金）の受給・使途をめぐって「管理組合」「区分所有者（賃貸人）」「入居者（賃借人）」の三者間の利害調整や，支援金を「専有部分」「共用部分」それぞれにどう割り付けるかの調整が必要となります。

②の制度は一定額を上限として住宅の修理費用を助成する制度ですが，やはり前記の調整が不可欠となります。東日本大震災において，当該制度を「共用部分」の修理にも利用できる運用がされましたが，各住居単位で利用範囲が限定されるため（具体例としては1階に居住する区分所有者の助成資金枠はエレベーターの修理には利用できない等），共用部分の修理見積りをいくつかに分割して作成してもらう等の対応をせざるを得なかったようです。

また，これら制度の利用は各世帯単位とされているため，支援金や応急修理制度の利用に際して各区分所有者から委任状等の必要書類を集める必要があり，各世帯単位で支給された支援金を集めることも必要とされました。マンション管理組合の多くが法人化されていないことも関係していたのかもしれませんが，各世帯単位ではなくマンション管理組合単位で各種公的制度を利用できる仕組み作りが期待されます。

(2) 地震保険の問題

今後も住宅の復旧費用について公的助成がされるとは限りませんし，

される場合にも上限があります。被災マンションの復旧方法にかかる費用は、マンション管理組合会計負担（ひいては各区分所有者の負担）で行うほかありません。

この場合、大規模修繕や建て替えを想定して毎月各区分所有者から徴収した修繕積立金を費用にあてることになりますが、築年数の新しいマンションでは積立金が十分プールされておらず、費用捻出が困難となることもあります。マンションの復旧費用は高額となりますから、地震保険に加入していたかどうか、給付される保険金額がどの程度か（損壊判定がどのようにされるか）は極めて大きな問題となります。

以上のように、マンションは権利関係が複雑で、震災後は各種の問題が顕在化しやすくなりますので、平時から震災を想定した規約整備や、区分所有者相互の理解と互譲的な意思形成（協議によって問題を解決できる管理組合づくり）等が不可欠といえます。

ケース20　水槽の転倒による損害

地震によって水槽が倒れた場合の損害賠償は、誰がいくら負担するのか。

事案の概要

申立人（X）は相手方（Y）よりマンションを賃借して居住していた。

東日本大震災によりXの室内に設置してあった水槽が横倒しになって板張りの床が広範囲で水浸しとなり、補修が必要となった。

Yは、業者見積りを取った上、修理費用としてXに360,000円を請求した。しかしXは、特に水槽の設置が契約で禁止されている訳ではないため一方的に自分の責任とされることに納得がいかず、また、Yの取った見積りの内容

にも高すぎるのではないかとの疑問を抱いて本件を申し立てた。

当事者

X：賃借人で水槽を設置していた者（申立人）
Y：賃貸人（相手方）

協議の経過

1 プレ審理

仲裁人は，XにおいてY提出の見積書（A業者）に疑問があるのであれば，別に相見積りをとってみてはどうかという示唆をXに対して行った。

2 第1回期日

これを踏まえ，Xは，第1回期日において，もともと知っていた工事業者（B業者）から取った210,000円という金額の見積書を提出した。Yはこの内容を検討の上，同じような内容の工事が安く済むのであれば，B業者に発注してもよいと考えるに至った。

そこで，この金額を基準に，双方が50％（仲裁人提案）ずつの負担で工事を発注する方向で解決することとしたが，どちら側が発注するかで若干の議論がなされた。結論的には，BとYでも事前打ち合わせの上施工することを前提に，形式的にはX側が発注するというYの希望によることとなった。

結 果

Xが業者に修理を発注し，工事完了を確認した時点でYが見積額半額の105,000円をXに支払う内容で和解が成立した。

コメント

負担割合については，双方共に譲り合う姿勢が見られたため，折半という仲裁人の案に双方とも特段異論はないようであった。

一方，Yは自分の側のA業者に施工させることを譲らないものと思われ，

その場合にはXから105,000円をYに支払う解決案を検討していたが，この点でYが安く上がるならとB業者での施工を了承したため，前記の解決となった。ちなみに，YがこのようなYがこのような判断に至った要素としては，B業者は比較的信頼性が高いと思われたこと，および価格の違いは単価よりも施工面積の違いによるところが大きく，マンションの床面積等に照らしてB業者の見積内容の方により合理性が認められたことなどが実際上影響したと思われる。

結局，Xが第1回期日に別の安い見積書を持参したことが，早期かつ双方共に満足のいく解決の決め手になったものと思われる。

ケース21 マンション上階からの漏水による損害①

マンションの上階の部屋からの漏水による修繕費用の請求は認められるか。

事案の概要

東日本大震災の際に，申立人（X）所有の建物（マンションの一室）の上階部屋から漏水があり，Xの部屋の天井・壁・カーペットが損傷し，その修繕の必要が生じた。漏水の原因は，上階の部屋に設置されている温水器が震災によって破損したためであり，正に震災を原因とする漏水であった。修繕費用の見積りを取ったところ約340,000円であった。修繕費用をX所有の部屋の上階部屋を所有する相手方（Y）に請求したが拒絶されたため，震災ADRとして和解あっせんを申し立てた。

当事者

X：本件建物（マンションの一室）の所有者（申立人）

Y：本件建物の上階部屋の所有者（相手方）

協議の経過

1　プレ審理期日

Xから申立内容を聴取し，審理開始を決める。

Xによると，当初Yは修繕に応じるような態度で不動産業者と一緒に部屋を見に来たが，修理費用見積書を送付したところ，「今回の東日本大震災は不可抗力であり修繕費用を支払う必要はないと考える」との返答をよこした，とのことであった。

仲裁人は，Xに対し，不可抗力かどうかは一概に断定できないが，Yに修理費用全額の負担を求めるのは困難と思われるので，第1回期日までにある程度の減額を考えてきてほしい旨を伝えた。

2　第1回期日

Yから主張内容を聴取する。

Yは，不動産業者や周りの人に聞いたところ今回の東日本大震災は不可抗力なので賠償責任はないという話をされたので自分もそのように考えていたが，震災ADRを申し立てられたので，紛争を解決したい気持ちはある，しかし経済的余裕がなく，ごく少額でないと支払に応じられないと述べた。そこで，仲裁人から，Xが了解するかどうかは分からないが，たとえば30,000円であれば支払に応じることが可能か打診したところ，Yは可能であるとの返事をした。そこで，この和解案をXに伝えたところ，Xも紛争の早期解決のため了解するとの返事であり和解成立にいたった。

3　第2回期日

当日は仲裁人の事務所に当事者双方が集まり（Yの要望で同席はしなかった），前記のとおりYがXに対し解決金として30,000円を支払うという内容の和解が成立した。

結　果

前記のとおり，第2回期日で和解が成立した。

コメント

　Xが当初支払を求めた金額と和解成立した金額には大きな開きがあり，震災関連事案でなければ和解は難しかったと思われる。ポイントは，XもYも同じマンションの部屋を所有する被災者同士であることと，訴訟をするまでの事案ではなく早期解決のメリットが大きいことにあったと思われる。

　なお，東日本大震災は，その規模から言って裁判上も不可抗力とされる可能性がないとは言えず，「そのような（不可抗力とする）考え方もある」というレベルであれば多くの人が納得すると思われ，この言葉は，震災関連の紛争を解決するための「キーワード」的な役割を持つと思われる。

ケース22　マンション上階からの漏水による損害②

　賃貸マンションの一室で，震災により洗濯機が破損して漏水があった場合に，階下で発生する浸水被害の責任を負うか。

事案の概要

　相手方（Y）は，賃貸マンションの所有者であり賃貸人である。申立人（X）は，本件マンションの一室に居住する者である。

　Xは全自動洗濯機を使用していたが，洗濯機を使用していないときに蛇口の水栓を閉めるという措置を講じてはいなかった。地震の揺れによって洗濯機が倒れ，その重さに耐えきれずに洗濯機と蛇口をつなぐホースがちぎれるように破損して漏水事故が発生し，Xの室内および階下の部屋が浸水した。

　そこで，Yが，Xに対し，修理代金として約500,000円の請求をしたが，Xは，本件事故は地震によるものであり，不可抗力であるから，賠償義務は負わな

いとしてADRの申立てを行った。

当事者

　X：本件マンションの賃借人（申立人）
　Y：本件マンションの所有者・賃貸人（相手方）

協議の経過

1　双方の主張

初めに，XおよびYから，それぞれの主張を聴取した。

Xは，本件は地震により洗濯機が倒れたものであり，不可抗力によるものであるから，損害賠償義務は負わないと主張した。

Yは，本件漏水事故の直接の原因は，Xが蛇口の水栓を閉めずに外出したことにあり，その点について過失責任が発生すると主張した。

2　争　点

争点は，蛇口の水栓を閉めずにXが外出した点について過失が認められるか否かであった。

全自動洗濯機について，使用を終える度に水栓を閉める取扱いは，必ずしも一般的な慣行とまでは言いきれないものと思われる。

しかしながら，水栓を閉め忘れたことによる漏水事故が多数発生していることも指摘されている。平成10年11月19日には，国民生活センターが，全自動洗濯機給水部分からの漏水事故について注意を喚起する調査結果を公表し，その中で，排水ホースに傷がついて漏水事故が発生した事例があることが報告されている。そして，消費者へのアドバイスとして，洗濯終了後は毎回水栓を閉じるように徹底した方がよいことを指摘し，業界への要望として，洗濯機を使用していないときには消費者が水栓を閉めるように取扱説明書等で分かりやすい表示の徹底をはかることを要望している。Xが使用していた全自動洗濯機の取扱説明書にも，洗濯機を使用していないときには水栓を閉じることが繰り返し記載されていた。

したがって，Xに過失が認められる可能性も十分に考えられた。

3　仲裁人の意見

以上のような状況を踏まえた上で，仲裁人からXに対し，過失責任を問われる可能性があることを指摘し，他方で，Yに対し，訴訟となれば過失の立証に相応の負担が発生すること，Xも被災しており支払能力にも限界があることを説明し，当事者双方に互譲による解決を促した。

結　果

XがYに対し，金250,000円を支払うことで和解が成立した。

コメント

本件においては，過失の有無の判断が困難であり，裁判になれば紛争が長期化するおそれがあった。しかしながら，当事者双方とも早期かつ円満な解決を希望していたことから，それぞれの状況を踏まえて譲歩を促し，第1回期日で和解が成立したものである。

判断が難しい責任論と損害論について，ともに東日本大震災の被災者であるという観点から，法律論を超えた早期かつ円満な解決が図れた事例であり，ADRによる解決になじむ事案であったと思う。

ケース23　地下における漏水の損害

ビル地下1階の店舗の漏水事故につき，誰が賠償責任を負うか。

事案の概要

申立人（X）所有のビル（以下「Aビル」という）の地下1階店舗を申立外甲に賃貸していたところ，同店舗に漏水事故が発生した。

Xにおいて調査したところ，Aビルに隣接する相手方（Y）所有のビル（以下「Bビル」という）のAビルとの間に設けられている排水管および枡に不具合があることと，Aビルの排水管の枡に不具合があることが判明し，前者はYが，後者はXがそれぞれ修理した。

　一時，漏れは止まったものの，その後，また何回か漏水が発生し，Xはその原因調査をしたところ，Aビルが先般の東日本大震災により生じたダメージから枡に亀裂が生じ，これが次第に広がっていることと，Bビルの排水管が外れ，通路に流れた排水が地下に伝わってAビル側に流入しているのではないかと考えられた。

　Xは，申立外甲からの休業損害金，内装修繕費等として合計金約1,700,000円を支払った上で，Yに対し，共同不法行為の負担部分の求償金として，その50％にあたる金約850,000円の請求をした。

当事者

　X：Aビル所有者（申立人）
　Y：Bビル所有者（相手方）

協議の経過

1　第1回期日

　Xにおける担当者と代理人弁護士，およびYが加入している保険会社担当者とY代理人弁護士が出席した。

　Xは，申立ての趣旨，理由につき説明するとともに，証拠としてAビル，Bビルの見取り図や漏水原因の調査時に撮影した写真を提出し，また，Xにおける担当者の報告書および甲への休業損害等を支払った振込金受取書などを提出した。

　Xの主張は，前記事案の概要とほぼ同趣旨のものであった。

　これに対し，Yは，答弁書とともに先にXがYに交付していた甲における売上の帳簿や内装修繕費に関する書類などを提出した。

Yの主張としては，甲の店舗の漏水事故については認めるものの，その原因がBビルからの排水によるものであることは否認するというもので，むしろ，その原因はAビルの老朽化を原因とする建物地下のひび割れによるものであると主張した。

　また，Xが甲に支払った賠償額約1,700,000円は漏水事故と相当因果関係のある損害額とは認められず，相当因果関係のある損害としては，休業損害として約45,000円を，内装修繕費として使用しえなくなったカウンターチェアーなどの時価額とすべきであると主張した。

　仲裁人としては，XにYの主張を伝えるとともに，過失割合および甲への賠償額の見直しを求めた。

　また，Yには，これまでの漏水事故のうち，Bビルの排水管や枡に存在した不具合や，排水管が外れて排水が通路に流れていた事実を指摘し，過失割合を認めるように説得した。Yは，本件漏水はAビル，Bビル以外にも北側に隣接するビル（以下「Cビル」という）からの排水にも原因がある旨主張した。

　この協議において，X担当者が排水状況などを実写したDVDを持参したので，仲裁人は全員立会いの上でDVDの録画を再生し，内容を検証した。

　その上で，次回までにYにおいて和解案を考えられたいということで終了とした。

2　第2回期日

　Yは，前記DVDなどにより期日外で再調査をした上で出頭し，然るべき過失割合は認めたいと主張した。

　Xは，甲への賠償額がYの主張のとおり多額であったことを認め，求償額の減額を認めた。

　仲裁人は，当事者に対し，過失割合を議論しているとなかなか解決に辿りつかないこと，もともとX，Yとも昔からの付き合いがあり，将来にむけても互いに協力しなければならない立場にあることを指摘し，円満な解決が必要であると話した。

　X代理人はXを，Y代理人は保険会社担当者を協議説得した結果，当日，

和解が成立した。

　和解内容としては，YはXに求償金として400,000円を支払うこととしたほか，今後のビル管理を互いに徹底し，万一事故が発生した場合には，協力して速やかな復旧をはかるという一文を付加した。

コメント

　本件は，老朽化したビル同士の問題とともに東日本大震災によるビル被害がどこまで及んでいるのか，また，他の隣接ビルにも原因があるのではないかといった原因究明が極めて難しい事例であった。

　この解決には，もともと繁華街にあってXもYもそれぞれ町の発展に寄与してきた方々であり，本件を除けば日頃は仲良く生活してきた人達であった。

　仲裁人としては両代理人に，これまでの当事者の歴史やその周辺の環境などを念頭において円満な解決を要請した。

　両代理人とも，これらの背景や諸事情をよく理解されていて当事者の説得にあたられ，これによって穏便な解決ができたものと考える。

第3章 津波被害（目的物の消失）の紛争

ケース24　引渡前の自動車に対するローン

ディーラーから引渡しを受ける前に自動車が被災した場合にも自動車ローンの支払を継続しなければならないか。

事案の概要

申立人（X）は，ディーラーである相手方（Y）から自動車を購入し，あわせて代金についてローン契約を締結した。自動車引渡しの当日，東日本大震災の津波により当該自動車が流された。

なお，Xの父の指示により，父の勤務先の関連会社であるガソリンスタンドにおいてコーティングすべく，当該自動車は，引渡しの前日，同ガソリンスタンドに運び込まれ，同ガソリンスタンドにおいて被災した。

震災翌月の4月からローンの支払（口座引落し）が開始した。

当事者

X：自動車購入者（申立人，買主）
Y：ディーラー（相手方，売主）
A：ローン会社

協議の経過

Yに代理人弁護士が付き，本件事案は典型的な危険負担の問題である。物の特定は既にされており，債権者であるXの負担となるという主張を展開し

た。

　本件事案の場合，最終的な引渡前に自動車が被災しているため，引渡しをもって「特定」と考えるならば，未だ危険を負担すべきは債務者であるY側であると理解することもできるのではないかと仲裁人側からY側を説得し，他方で前記のとおり，Xの父の指示により，引渡しの前日に同人の関係するガソリンスタンドに持ち込み被災している（Xの元にあれば被災せずに済んだ）ことから，「特定」済みとの解釈も十分に成り立つ事情にあることから，X側にもそれなりの譲歩を求めることとし，交渉を重ねた。

結　果

　約1カ月の間にプレ審理および3回の期日を開催し，協議した結果，XはYに対して当該自動車の引渡しは求めないものとし，YはXに対して自賠責保険料の戻し分，メンテナンス料，クレジット契約終了時における車両残価分等を含め解決金として400,000円を支払う。ただし，Xは被災自動車に関するAに対する支払は継続するという内容の和解が第3回期日において成立した。

コメント

　単純に引渡未了の事案であれば，Yが危険を負担することを前提に交渉を進めることも考えられたが，前記の特殊事情を考慮すると，Y側に負担を強いることはいささか困難と考え，X側もかかる事情を理解し前記の結論に落ち着いたものである。

ケース25 引渡後の建築請負工事代金の支払

工事完成引渡後、若干の補修工事を行う前に津波被害を受け全壊となった建物についての請負工事代金を全額支払わなければならないか。

事案の概要

申立人（X）が相手方（Y）に対し自宅建物の設備工事を発注したところ、Yにおいて工事が完了し、その引渡しを受けた（完成・引渡しの書類にXの妻がX名で署名押印した）。引渡後に小さな傷を発見したことから、後日その補修工事が行われることになったが、補修工事が行われる直前に東日本大震災となり、津波により自宅が流失した。

Yは、工事が完成し、引渡しも完了していることを理由として工事代金の請求を行っているが、Xとしては前記理由から代金の減額を求めている。

当事者

X：工事の注文主（申立人）

Y：工事の請負業者（相手方）

協議の経過

1 第1回期日

XおよびYから、それぞれの主張を聴取した。

Xの主張：工事の完成・引渡しの確認は妻が行ったが、その後小さな傷を発見し、後日Yにおいて補修工事を行うことになった。補修工事を行う直前に東日本大震災が起こり、津波により自宅は流失し、基礎部分だけの状態となった。自宅を新築したいが、上記工事の代金支払が残ると、負担が大きいので、減額してほしい。できれば、当初の工事代金額から申込金を差し引い

た2,458,000円の半額程度での解決を希望する。

　Yの主張：工事の完成・引渡しについてはXの妻に確認していただき，軽微な補修工事を東日本大震災当日に行う予定であった。完成・引渡しが完了しているので，工事代金の全額をお支払いいただきたいが，X側の事情も考慮し，200,000円減額することは考えている。ただ，さらに譲歩をする余地もあるので，できればあっせん案を示して欲しい。

　仲裁人の進行：工事の完成・引渡しは一応完了していると思われるので，工事代金については全額支払うのが原則となるが，Xの被災状況や今後の生活再建の必要性に鑑み，次のような和解試案を提示し，次回期日までに双方に検討をお願いした。

　仲裁人の和解試案：XはYに対し金1,958,000円（500,000円減額）を支払う。

2　第2回期日

　和解試案について当事者双方に意見を聞いたところ，Xは和解試案に応じたが，Yは本社の了解が得られなかったので，和解には応じられないとのことであった。

　もっとも，Yとしても訴訟による解決は希望しておらず，2,108,000円（350,000円減額）という対案を提示してきたので，これについてXに意見を聞いた。Xとしては，この和解案に応じるとのことで，和解が成立した。

　なお，成立手数料については，減額幅である350,000円を紛争の利益と見て，その4％とした。

結　果

　工事代金について350,000円（約14％）の減額で和解が成立した。

コメント

　前記のとおり，民法の原則によれば，請負契約で仕事が完成し引渡しも完了している以上，請負代金全額を支払うのが原則であり，訴訟において判決となれば，全額の支払を命じられることが予想された。しかし，工事の完成・

引渡後間もなく，東日本大震災の津波により被災して全壊となっており，Xの現在の生活状況や今後の生活再建を考えると，Xに全額の支払をさせることは著しく酷であり，当事者双方の互譲により柔軟な解決を目指すという正にADRにふさわしい事案であると思われた。

　Yも仲裁人の和解試案には応じなかったが，本社に対しXの状況，被災地の実情を説明して懸命に掛け合ったようで，相当額の減額に応じていただいた。和解試案による和解が成功しなかったにもかかわらず，和解が成立したのは，こうしたYの尽力についてXが理解を示したところが大きいと思われる。

　和解成立後，Xからは，弁護士会のADRにより解決が図られたことに対し，身に余るほどの感謝の言葉をいただいた。

　和解試案が功を奏さず，仲裁人の自分がどれだけ役に立ったのか分からないが，紛争解決への熱意を持った当事者に救われた思いである。

　それから数カ月後，Xより，「新居を持つことができました」とのお便りをいただいた。仙台弁護士会のADRが，被災した方々の生活再建に大きな役割を果たしていることを感じることができた。

コラム6　震災給付いろいろ

　東日本大震災で被害に遭った方々に，市町村などから様々な給付がなされました。このような給付の代表的なものとして生活再建支援金，災害弔慰金および義捐金が挙げられます。

　「生活再建支援金」は，被災者生活再建支援法（以下「支援法」といいます）という法律に基づいて支給されるものです。支援法では一定の要件を充たす自然災害のみが対象となりますが，東日本大震災では岩手・宮城・福島の3県については全市町村が対象となっています。

　生活再建支援金には①住宅の被害の程度に応じて支給される基礎支援

金と，②住宅の再建方法に応じて支給される加算支援金とがあります（支援法3条2項）。具体的には以下のとおりです。

① 基礎支援金

住宅の被害の程度	全　壊 （2条2号イ）	解　体 （2条2号ロ）	長期避難 （2条2号ハ）	大規模半壊 （2条2号ニ）
支給額	1,000,000円	1,000,000円	1,000,000円	500,000円

②加算支援金

住宅の再建方法	建設・購入 （3条2項1号）	補　修 （3条2項2号）	賃　借 （3条2項3号）
支給額	2,000,000円	1,000,000円	500,000円

※　ただし，世帯人数が1名の場合は，上記各金額の4分の3の額（支援法3条5項）

「災害弔慰金」は，災害弔慰金の支給等に関する法律（以下「弔慰金支給法」といいます。）に基づいて，政令で定める災害により死亡した住民の遺族に対し支給されるもので（弔慰金支給法3条1項），東日本大震災は政令で定める災害に該当します。

その金額は，生計維持者の死亡については5,000,000円，その他の者の死亡については2,500,000円です（弔慰金支給法施行令1条の2）。

災害弔慰金の支給を受けることができる「遺族」の範囲は，第1次的には死亡した者の配偶者，子，父母，孫，祖父母であり，これらがいずれも存在しない場合には死亡した者と生計を同じくしていた兄弟姉妹も含まれます（弔慰支給金法3条2項・平成23年7月改正）。これらの順位は，市町村の条例によって定められています。

また，死亡ではなく重度の障害が残った場合には，弔慰金法に基づき，生計維持者は2,500,000円，その他の者は1,250,000円の災害障害見舞金が支給されます（弔慰金支給法8条）。

「義捐金」は前記の2つとは異なり，何らかの法律に直接的な根拠がある給付ではありません。代表的なものとして，日本赤十字社，中央共同募金会，NHKなどの義援金受付団体に全国から寄せられたものがあ

ります。これらは，義捐金配分割合決定委員会，さらに各自治体に設置された義捐金配分委員会による決定を経て，各被災者に支給されます。

また，それ以外にも県や市町村も独自に義捐金を受け付けていたため，支給される金額・時期等は，自治体によって異なります。

ケース26　津波による寄託物の流出①：時計のケース

修理のために預けていた時計が津波により流出し紛失したことを理由とした損害賠償請求は認められるか。

事案の概要

申立人（X）は，東日本大震災前に，所有する時計（購入価格は1,000,000円以上）の修理を，相手方である貴金属店（Y）に依頼し，時計を預けた。平成23年2月末に修理完了との連絡を受けたが，受領する前に東日本大震災が発生した。

東日本大震災後，Y店舗は閉鎖しており，同年4月ころ，Yに問い合わせたところ，時計は流されてしまったとのことであった。

その後，Y従業員が謝罪に訪れたが，Xは納得がいかず，時計を返却してもらえないのならば，相当額の支払を受けたい，とのことで申立てがなされた。

当事者

X：時計の所有者（申立人，注文者）

Y：貴金属店（相手方，請負人）

なお，期日に出席したのは代表者と従業員1名

協議の経過

1　プレ審理

Xが遠方に居住していたことから，電話で事情の聴取を行った。申立サポート弁護士により作成された申立書に，詳細な事実が記載されていたため，非常にスムーズに聴取を行うことができた。

また，その際，Xとして「相当額の支払」としてどの程度の金額を考えているのか尋ねたところ，Y従業員から，「できれば100,000円くらい支払って差し上げたい」と言われたという話がなされ，Xがこの発言に重きを置いていたことから，これが解決の基準になるものと思われた。

2　第1回期日

Xの主張：時計を返却してもらえないのならば，相当額の支払を受けたい。

Yの主張：商品や，修理のために預かっていた物が全て流されたというのは事実である。また，相当額の金銭とのことだが，預かっていた時計の現在の時価額はかなり低いはずである。

仲裁人の進行：Y代表者は，Y従業員がXに対し100,000円を支払いたいという発言をしたことは把握していなかった。Yが本件以外にも同様の問題を抱えていることが予想されたため，Yに確認した。すると，X以外の客からの預かり物も紛失しており，謝罪のみで納得してもらった客，一定の金額を支払った客が存することが分かった。このように，Yが，すでに何件か自らの基準で対応済みであることを考えると，その対応内容から大きく外れる解決は困難と思われた。したがって，本件以外の客からの預かり物について，どの程度の価値のものに，どれくらいの支払をなしたのかを確認した。

他方で，Xとしても，津波の被害が甚大であること，Yに過大な要求はできないことを十分踏まえているものと思われたため，早期解決のために譲歩する余地がないかを確認した。

その上で，Yの従業員から発言があったとされる100,000円という金額を双

方に解決金額として提示し，合意に至ったため，和解契約書をその場で取り交わした。

結　果

前記のとおり，第1回期日で和解が成立した。

コメント

本件は，紛失が純粋に津波によるものであればYに責任はないとも考えられたが，実際の紛失理由（たとえば，その後の管理の不備による窃盗など）が判然としないこと，XがYに何らかの対応を強く求めていたこと等から，話し合いにより双方譲歩して解決することが望ましい事案であった。その意味で，第1回で合意に達することができ，仲裁人としても喜ばしい事案であった。

ケース27　津波による寄託物の流出②：自動車のケース

　自動車販売修理会社に修理目的で預けていた乗用車が津波で流された場合，いかなる解決策があるか。

事案の概要

申立人（X）は相手方（Y）から平成21年夏ころに乗用車Aをローン（約3,500,000円）で購入し，仕事に使用していたところ，平成23年3月初旬にスピードメーター等を表示する電子パネル部が故障した。そこで，Xは修理のために乗用車AをYの修理工場に預けて代車Bを借りていたところ，同年3月11日の東日本大震災に伴う津波で乗用車Aが大破してしまった。

YはXに対し見舞金100,000円を支払い，かつ，同年3月初旬から5月中旬

までの代車Bのレンタル料約260,000円を負担していたが，Xは「①不具合のないAと同型の車両を無償でもらいたい。それができないなら，②残ローン（約2,000,000円）を免除してもらいたい」として争いとなり，本申立てに至った。

当事者

X：県内数カ所で営業所がある会社（申立人）
Y：全国規模で自動車の販売，修理を手がける会社（相手方）

協議の経過

1 第1回期日

代理人弁護士が付かない本人申立てだったので，まずはXのみに出席してもらい，基本情報（購入日，修理依頼日，補償内容等）を確認し，Xの希望を聴取した。

Xの主張：電子パネル部が消えてしまい，大変危険な故障であった。電子パネル部の故障がなければ乗用車Aを預けることはなかったし，津波で大破することもなかった。無償修理補償期間（5年間）中の故障がもともとの原因であり，故障を修理するために預けているうちに津波で大破したのだから，①同型の車両を無償でもらいたい，それが無理なら②残ローン（約2,000,000円）を免除してもらいたい。

仲裁人の進行：寄託物が津波で滅失した場合の考え方（不可抗力として受寄者が免責される可能性が高い）を説明し，①，②ともハードルが高いことを説明した。

2 第2回期日

XおよびY（代理人弁護士も出席）に出席してもらい，まずはYに対してXの希望を伝えて，回答を促した。

Yの主張：不可抗力で法的には責任がないところ，既に見舞金100,000円，代車Bのレンタル料約260,000円を負担しているので誠意は示している。Xのみを特別扱いすることはできない。前記①も②も応じられない。

Xの主張：前記①も②も応じられないというなら，型は異なってもよいから安価な中古車を無償でもらいたい。

　Yの主張：どんなに安くても無償では応じられない。しかし，利益度外視でオークション購入した車両をほぼその価格でXに転売して差し上げることはできる。

　仲裁人の進行：新たな車両を買い取る方向で進めることとし，次回までの期日間に，Xの希望（車種，価格，年式，走行距離，色等）をある程度Yに聞き取ってもらい，中古車の候補車両を挙げてもらうこととした。

3　第3回期日

　XおよびYに出席してもらい，期日間の協議状況を確認したところ，Xの希望に沿った車両をYが探索中とのことであった。Yが候補車3台の資料を提示したが，Xは決めかねており，さらに希望する条件を出して，さらなる候補車両を探してもらうこととなった。

4　第4回期日

　XおよびYに出席してもらい，期日間の協議状況を確認したところ，Xの希望に合致した乗用車A'が見つかったとのことであった。乗用車A'はYが試乗車として保有する車両であり，乗用車Aと同型のものである。Yが乗用車A'の簿価額（市場価格よりはかなり低額）での買い取りを提案したところ，Xも気に入って合意した。

結　果

　Xが新たなカーローンを組んで乗用車Aと同型の乗用車A'を簿価額で買い取る内容で和解が成立した。

コメント

　法律論をそのまま当てはめれば，不可抗力による車両の滅失であるのでYの責任は否定され，Xの希望はすべて拒否されるだけであろう。しかし，Y（およびその代理人弁護士）においてXの窮状を理解し，Xの希望を聞き取って購

入した車両をほぼ同価格でXに転売することを提案し，実際にXの希望する車両を探す努力をした。このような柔軟で誠意ある提案と行動がXの心に届き，和解に至ったものと感じた。

　Xにとっては格安で同型の乗用車A'が入手できたし，Yにとっては簿価での売却であれば損失はないうえ，顧客との結びつきを強固にできたものと思われる。双方に一定のメリットがある結果となり，ADRの醍醐味である「WIN-WINの関係」が実現できたと感じた。

第4章 労働関係の紛争

1 内定取消し

ケース28 震災後の内定取消し

東日本大震災後に内定取消しされたことによる損害賠償は請求できるか。

事案の概要

申立人（X）は，東日本大震災発生前に相手方（Y）から採用内定を受け，東日本大震災後に勤務地に引っ越したところ，Yから震災による東北地方における営業再開の目処がたたないことを理由に内定取消しを受けた。

Xは，Yの内定取消しにより被った損害（引越費用，慰謝料等）および解雇予告手当の支払いを求めて，本申立てに至った。

当事者

X：Yから採用内定を受けていた者（申立人）
Y：Xに採用内定を出していた使用者（相手方）

協議の経過

1　第1回期日

Y欠席のため，Xから申立内容について聴取した。

2 第2回期日

事実関係について，当事者双方から聴取した。

Y欠席のため，Xから申立内容について聴取した。

3 第3回期日

仲裁人から仲裁案（解決金額）を提示し，当事者双方に検討してもらうことにした。

4 第4回期日

YがXに対して和解金（解雇予告手当相当額＋α）を支払うことで和解成立した。

結　果

前記のとおり，第4回期日で和解が成立した。

コメント

　本件は，内定取消しの法的性質（解雇とみるか，解約留保権の行使とみるか）によって解雇予告手当の扱いや違法性の基準が異なりうるが，Yも一定額は支払う意思を示していたことや請求額もそれほど高額ではなかったことから，法的性質に関する厳密な区別をせずに妥当な解決金額を探るかたちで協議を進めた。

　本件では，XもYも被災者であり，それぞれに大変な事情がある中での協議であったが，概ね妥当な結果を得られたのではないかと思う。

2 業務中の災害

ケース29 津波による業務中の従業員の死亡

津波によって死亡した従業員に対する経営者遺族の償いの方法は何か。

事案の概要

東日本大震災後の津波により、故B（相手方（Y_1）の息子で、同（Y_2）と同（Y_3）の父親）と、申立人（X）の長女（故A。当時アルバイト店員19歳）その他2名が、故Bが経営する個人商店店舗内において死亡した。

東日本大震災後、Xの母親が、同店まで行き、Bに対し、「Aを避難させるので帰らせて欲しい。」と頼んだところ、Bは、「後片付けが終わったら帰す。」等と言って、Aを避難させずに後片付けを続行させた。Xの兄もAに対し、「津波が来るから避難したほうがいい」というメールを送ったが、Aは「あたしバイト中だからまだ○○（店舗の名前）」というメールを返し、これが最後のAの言葉となった。XもAを迎えに車で同店まで行ったが、同店は出入口のシャッターが途中まで閉まっていたので、Xは、AがBの車で避難したのだろうと思い、そのまま避難した。

東日本大震災後、XはAの告別式を行うことにしたが、Yらから何の連絡もなかったことなどから、Yらに対し、Aの死にきちんと向き合ってほしいという気持ちが強くなった。

そこで、Xは、Yらに対し、主位的に、故Aを慰霊するための相当な措置を求めるとともに、副位的に、慰謝料の支払を求めて本申立てに及んだ。

当事者

A：津波により死亡した，アルバイト店員（Xの長女。当時19歳）

X：Aの父親（申立人）

B：Aが勤務していた個人商店の経営者（津波により死亡）

Y_1：Bの父親（相手方。東日本大震災当時，個人商店隣で飲食店を経営していた。）

Y_2：Bの長女（相手方。同店の店員だが東日本大震災当時は出産休暇中であった。）

Y_3：Bの長男（相手方。Bの単独相続人。）

協議の経過

1 第1回期日（Y_1は体調が悪いため出頭せず。）

両当事者から話を聞いた。

Xの話の要旨は以下のとおりである。妻とは14年前に離婚した。娘が二人いたが，次女は，平成22年11月，事故で死亡し，長女は，今回の津波で死亡した。Y_2は一度線香をあげに来てくれた。Yらとは寺で一度，遺骨確認のとき一度話をしただけであり，それ以外の接触はない。Aが亡くなったときの様子を詳しく知りたい。

Yらの話の要旨は以下のとおりである。Bは12年前に最初の妻と離婚し，子どもが3人いる（Y_2，Y_3，次男）。その後，再婚したが，二度目の妻とも5～6年前に離婚した（子どもは小学生の男子2人）。Y_2は，夫と別居中で，東日本大震災時は実家（Bの家）に住んでいた。震災時，BはY_1夫婦と3人で暮らしていた。Bの家は津波で流失し，現在，Y_2は祖父母（Y_1とその妻）と一緒に仮設住宅に住んでいる。Bの相続については，Y_3以外は全員放棄した。Bの遺産としては，商店と祖父母の飲食店があった敷地約300坪くらい（抵当権あり）であり，借金がかなり残っている。

XからY_2，Y_3に対し，Aが被災したときの状況について質問があったが，Yらはよく分からないとの回答であった。Xから，津波の危険があったのに

どうして避難させてくれなかったのかというのが遺族の気持ちである。Y_2, Y_3はこのことについてどう考えているのか, との問いかけがあった。これに対し, Yらは, 東日本大震災時の状況はよく分からないが, Aが店内で亡くなったことは事実なので, 店内で亡くなった4人の遺骨が安置されている寺に, 月命日やお彼岸などに, 時間が許す限りYらと祖父母がお参りしている旨の回答があった。

　次回以降の進行については, 期日間に, Xから, Yらと関係者に対し, 質問書を送付し, 同人らに回答してもらう。Xの気持ちを綴った陳述書をYらに送付し, Xの気持ちをYらに知ってもらう。それを踏まえて, 次回話し合うことにした。

2　第2回期日（Y_1欠席。Yらに代理人が付いた）

　質問書に対する文書による回答はなかったが, Yらの主張は以下のとおりである。

　Y_1とその妻は, 東日本大震災後, 商店の様子は見に行かなかった。津波で商店は全壊し, 飲食店も取り壊す予定である。Y_3は跡地を使って何か復興に役立つことをやりたい考えである。Y_1とその妻は, 年金とY_2の給与で生活している。Y_2は, Y_3の仕事を手伝っている。Y_2は, Xが電話を欲しがっていることを知りXに電話したが出なかった。その後, Xから電話は掛かってこなかった。Y_2はAの新盆に行きたかったが, Xから電話がなかったので行かなかった。YらからXに質問があった。①Aの死亡により労災保険金は出たのか, ②市から弔慰金は出たのかというものである。

　Xの回答は以下のとおりであった。①については3,000,000円出た, ②については2,500,000円出たというものである。その他, Xの主張は以下のとおりである。Bがフランチャイズ契約していた本部の人間がお悔やみに来たが誠意がなかった。Y_2もお悔やみに来てくれたが, その後, Yらから何の連絡もなかった。YらはAのことをどう思っているのか。Aに対する気持ちを見せて欲しい。YらがAのことを思ってくれているかどうかによりXの気持ちも定まる。

X代理人の主張は以下のとおりである。Yらに法的責任はあると思う。ただ，本件類似事案である別の場所でのコンビニのケースは，相手方当事者が法人で今も存続しているが，本件では相手方当事者が自然人で亡くなっているし，店も全壊したので金銭的請求は難しいと考えている。しかし，Yらが，責任がないと言うのであれば，法的措置をとるつもりである。Aの勤めていた店舗の防災マニュアルには，地震や津波の恐れがあるときは一時閉店して避難するよう記載がある。Xの具体的要求としては，①Yらの謝罪，②東日本大震災後のBの行動が適切でなかったことをYらは認めること，③Yらは謝罪の気持ちを表すものとしていくらかの見舞金を出すことである。

　Yらの主張は以下のとおりであった。①，②は認めてもいい。形式は口頭によるのか文書によるのか。③は，500,000円〜1,000,000円払う用意はある。

　Xの主張は以下のとおりであった。①，②は了解した。③は検討したい。

　今後の進行としては，Xから①，②の文書のたたき台を提出し，次回に検討すること，Xは次回までに③を検討してくることになった。

3　第3回期日

　Xから，「①Yらは，Bに安全配慮義務違反があったことを認めXら遺族に対し謝罪する，②Xに5,000,000円を支払う，③XがAの死亡現場に慰霊碑を建立することを認める，④時節ごとにAの供養をする」等を内容とする和解案が提示された。それに対しYらから，5,000,000円は無理である，土地に慰霊碑を建てると土地の使用が制限される等の意見が出された。

結　果

　和解案のうち，①はそのまま，②は1,000,000円を支払う，③は本年中にAの死亡現場において慰霊祭を行う，④はそのままの内容で和解が成立した。

コメント

　本件は，津波で娘を失ったXの気持ちをどのような形で納得させるかが焦点であった。Xの心情としては，Bの不適切な行動によりAが死亡した事実

をYらが真剣に受け止めていないのではないかという疑心暗鬼の気持ちや，Aが死亡した前後の状況を詳しく知りたいという気持ち，津波でAが死亡したことをYらに忘れて欲しくないという気持ちが強かったように思う。Yらも，父親（息子）を津波で失っており，その意味でXの心情は理解していたと思う。金銭請求については，Xもさほどこだわっていないこともあって，Yらの希望に沿う形で合意できた。Bの安全配慮義務違反についても，Yらがさほど争うことはなかった。慰霊碑についても，慰霊祭を行うことで妥協できた。当初のXの様子から見て，和解は難しいとも思われたが，幸い，双方に代理人が付いたこともあり，話し合いはスムーズに進んだと思う。代理人から双方当事者に対する働きかけも和解成立にとって大きかったと思う。

コラム7 こんな事例もありました（その１）
受領後の弔慰金等を親族間でどう分けるか（異順位の者がいる場合）

【事案の概要】
　東日本大震災で親戚Aが亡くなってしまい，弔慰金等が支給されたのですが，Aについて生前主に面倒を見ており，葬儀等も行ったXとその他の親戚Yらとの間で，どのように配分すべきかがまとまらず，ADRの申立てがなされた事案でした。

【協議の経過と結果】
　生前の亡Aとの関係や葬儀費用の負担等の事情を考慮して欲しいというXの言い分があり，考慮するとした場合に配分上どう評価するかという点がポイントとなりました。
　誰が世話をしていたとか，葬儀費用を負担したとかといった事情からストレートに弔慰金等の配分が変わるわけではないことは，制度上はやむを得ない面があることを説明した上で，Xの言い分について他の親戚Yらがどう評価するのかについて，仲裁人がそれぞれの言い分の丁寧な

聴き取りを繰り返しました。そして，最終的にはXもYらもお互いの言い分を十分に理解し，相互に譲り合って配分についても話し合いがまとまり，和解が成立しました。

第5章　行政との間の紛争

ケース30　地方公共団体の復旧作業による漁船の損傷

津波で内陸部に押し流された漁船が，地方公共団体による道路復旧作業後に，損壊された状態で見つかった場合，当該地方公共団体に対する損害賠償請求は認められるか。

事案の概要

　小型漁船（船の長さ6.7メートル，幅2メートル，総トン数1.1トン。船名なし）を所有して個人で沿岸漁業を営んでいた申立人（X）が，冬期にはその漁船を陸揚げしてビニールシートで覆い，台車に載せて翌年の漁期に備えて保管していたところ，今回の東日本大震災の津波でその漁船が700～800メートルほど山側に押し流された。Xは，東日本大震災後3日ほどして知人からの連絡で本件船舶が保管当時のままの状態で押し流され，大きな損壊もなく，修理すれば使える状態で放置されていることを確認したが，それから約1カ月後に行ってみると，本件船舶は，道路の復旧作業の際に動かされたのか，元の場所から移動され，しかも船体ががたがたに毀されて船舶として使用できない状態となっていた。そこで，Xは，相手方（Y：地方公共団体）当局が道路の復旧作業に際して瓦礫と一緒に重機等で片付けたのではないかと考え，修理すればまだ漁船として使用できる本件船舶を損壊させたとして，Yに対して損害賠償を求めた事案である。

当事者

X：本件船舶を所有し，個人で沿岸漁業を営んでいた漁師（申立人）
Y：Xが居住し，漁業を営んでいた所在地の地方公共団体（相手方）

協議の経過

1 プレ審理期日（弁護士会）とYに対する対応の要請

　本件申立ての趣旨および概要は，和解あっせん申立書では極めて簡単なものであったことから，平成23年5月23日，当時，仙台市内に避難していたXに弁護士会館に来てもらい，仲裁人補助者の協力を得てプレ審理を行い，本件申立ての動機，これまでのYの対応，申立ての真意および本件の争点などについてXから聞き取ったところ，Xとしては，修理すればまだ使用できる状態で流された本件船舶は，その持ち主がXであることは漁業関係者であればわかっているはずであり，当時，漁業関係者は相手方であるYにも出入りしていてXに連絡できたはずであるのに，連絡もせず道路復旧の際に瓦礫同然に重機等で移動させて損壊したとして，損害賠償と謝罪を求めたいというのであった。

　そこで，Yの担当者に対し，書面でADR制度の趣旨および和解あっせんのためには責任者の対応が必要であることを仲裁人が伝えたところ，Yから5月31日付けの書面による回答がなされた。これによると，「Yとしては，台車に乗ったままの本件船舶が市道を塞ぐような状態で置かれていたため，3月20日ころ，早急に市道復旧の必要から重機（バックフォー）のバケットを船の台車部分に接触させながら慎重に道路脇に移動させた。その際，船舶を損傷させることはなかった。ところが，同年4月15日にXから苦情の申立てがあったので，船舶のあった場所に行ってみると，船舶は当初移動させておいた場所から別の場所に向きを変えて移動されていたが，Yとしては再移動については関知していない。YがXに対して当初船舶を移動させる際に連絡しなかったのは，東日本大震災から10日ほど経過していたとはいえ，有線電

話や携帯電話などの通信手段が利用できず，地区住民の安否や避難場所の特定もできない状況であったから，船体番号等から所有者の確認がわかる状態ではなく，そのため市道の復旧を優先させざるを得なかった。」というものであり，偶々，本件船舶が写っていた東日本大震災直後の拡大写真4枚を添付して送って来た。

2 第1回和解あっせん期日（弁護士会）

そこで，同年6月7日，Xには出席してもらい，Yは遠隔地であったことから担当者と電話で連絡をとりながら第1回和解あっせん期日を施行した。Yの対応は回答書記載の域を出なかったが，その際，Yは顧問弁護士に相談しているとのことであったことから，同弁護士に電話連絡したところ，同弁護士はYの担当者に対して事案の経過とYの対応および責任の有無についての報告書を作成するよう指示しており，間もなく提出できる予定であるとのことであったため，Yからの報告書の提出を待って和解あっせんを続行することとした。

3 第2回和解あっせん期日（弁護士会）

同年6月30日にYからの報告文書が送られて来たため，同年7月6日に第2回和解あっせん期日を開くこととし，今回もXは出席したが，Yとは電話で連絡しながら前記報告書の補足説明を求めた。それによると，Yは東日本大震災による市道の復旧作業（瓦礫の撤去）を地元の業者に委託して撤去作業をさせていたところ，Xの主張するようなまだ使用できる本件船舶が台車に乗ったままの状態で市道の一部を占拠する状態にあるとの報告を受けたことから，Yの担当者が業者と協議し，周辺の瓦礫を撤去した上，同船舶を移動させたこと，その際，本件船舶の所有者を確認しようとしたが，船名がなく，東日本大震災のため電話も使用できず，漁協も壊滅状態で連絡のとりようがなかったことなど詳細な説明がなされた。このようなYの説明に対して，Xは，Yが注意を払って本件船舶を移動させたことを了としながらも，当時は漁業関係者がYと接触をもっていたはずであるから船舶の持ち主を探そうとすればわかったはずであり，持ち主を探さなかったのはYの怠慢ではない

かと非難していたが，XのADRへの申立ての真意は金銭的な要求よりも瓦礫の撤去作業中に見つかった船舶の所有者であるXへの連絡と対応への不満であり，今後，Yが今回の件を教訓としてXと同様の被災者に対して細心の注意を払って対応してくれるのであれば自分としても納得できると述べるようになった。Xの前記のような要望に対し，Yとしても何らかの反省ないし謝罪と今後の撤去作業の在り方の改善ということができれば当事者が話し合いの場をもって妥協点を探り，合意点が見出せるのではないかと思われたので，Yの現地で和解あっせんの場を持つこととした。

4　第3回和解あっせん期日（Yの会議室）

　7月12日，XとYの担当者ら4名および参考人として市道の復旧作業に当たった業者が集まり，改めてY側から瓦礫撤去作業の経緯，状況等を説明してもらった。それによると，Xの本件船舶の損傷は，YにおいてXの船舶を移動させた際に生じたものではなく，同船舶がさらに向きを変えて移動させられた際に生じたものであり，東日本大震災直後，夜陰に乗じて小型船舶の盗難やガソリンの抜き取りなどの不法行為が横行していたことからすると，かかる第三者の不法行為の際損傷が生じたことも考えられないでもないということとなり，XとしてもYが船舶の損傷に直接，間接関与したとの証拠がない以上，Yの責任は追及できないことで納得するに至った。しかしながら，結果的にはYの道路復旧作業ののち船舶が損傷されたことから，Yとしても本件を教訓として今後所有者不明の自動車や船舶等財産的価値の大きいものについては，Yにおいて責任をもって一定の場所に保管し，所有者に返還するようにしたいとの意見が述べられ，XにおいてもYの今後の対応に一定の評価を認める態度を示した。

　Xとしては損害賠償までの要求はせず，Yの対応について了解したのであるから，本件において合意が形成されるとすれば，Yの今後の対策の在り方についてXが合意するという和解条項となるのであるが，Yの合意にはYの首長の決裁や議会への報告ないし承認を要するということもあって，Yが今後誠意をもって対応に当たることを誓約している以上，Xとしては和解条項

を定めるまでもないということとなり，結局，本件はＸが本件震災ＡＤＲの申立ての効果に納得して，本件申立てを取り下げることで終局となった。

結　果

　前記のとおり，3回の期日を経て申立人が納得の上申立てを取り下げ，終了した。

コメント

　本件は，前記のような経緯でＡＤＲの申立ては取り下げられたが，実質的には合意成立ともいえる結果であった。当初は，地方公共団体であるＹの担当者にＡＤＲでの解決に対応してもらえるか不安もあったが，電話による和解あっせん期日や最終の現地での期日でも真摯に誠意をもって対応してくれ，Ｘの主張に対しても委託業者をも同席させて丁寧に説明してくれた。Ｙのこうした対応がＸにも伝わって最終的には快く申立ての取下げに応じてくれたが，遡って考えると，Ｙの顧問弁護士がＹの担当者に対して事案の経過とＹの対応および責任の有無についての報告書を提出するように指示したことがＹの対応を真剣なものにさせたともいえるのではなかったかと思われる。

　Ｘは本件を取り下げるに当たって紛争解決支援センターに提出した取下書に，Ｙの担当者の説明に納得したこと，また，Ｙが今回の件を教訓として自動車や船の移動等について保管場所を定めて所有者に連絡することにしたため取り下げることにした旨の記載をしていることからすると，Ｘが本件申立てをしたことの意義を理解し，感じ取ってくれたものと思われた。

ケース31　道路の設置管理における瑕疵と過失相殺

東日本大震災による道路の設置管理の瑕疵と過失相殺の割合はどのように決めるか。

事案の概要

申立人（X_1）は個人で車両修理業を営んでいる。

東日本大震災から約1カ月後の午後8時頃，X_1は，相手方（Y）市内の市道を自動車で走行中，地震でせり上がったマンホールに衝突し，自動車の底部などを破損した。事故現場の道路の付近には，段差などに注意を促すための標識などはまったく設置されていなかった。

X_1運転の自動車は，X_1が顧客（利害関係人（X_2））から委託販売の依頼を受け預かっていたものである。売却されるまでの間，X_2の承諾を得て使用していた。

X_1は，市道を管理しているY市に対し，被害車両の修理費用など約940,000円の損害賠償を求めた。

当事者

X_1：申立人
X_2：利害関係人（第4回期日から参加）
Y ：地方公共団体（市）土木課

協議の経過

1　第1回期日

X_1およびYから，それぞれの主張を聴取した。

(1) X_1の主張

損害額940,000円全額の支払を求めたい。

ADRの申込みをする前に，Yと交渉をした。当初，Yは地震保険で対応できるかのような説明をしていたが，その後，地震保険が使えないと説明が変わった。また，Yの対応には時間がかかりすぎていることも不満である。こうしたことからも，全額の賠償を求めたい。

なお，被害車両の所有者の了解を得て，ADRの申立てをしている。

(2) 仲裁人のX_1に対する説明

Y側に道路の管理について落ち度があるとしても，東日本大震災後1月も経過していないときに発生した事故であり，Yの対応には限界があること，X_1にも通常よりも注意して運転すべきであることが言える。そこで，Yから不可抗力や過失相殺の主張が予想される。また，修理代金と被害車両の時価とを比較して，時価が上回る場合には，時価を基準として損害を算定することが一般である。

なお，被害車両の所有者が損害賠償請求権者と考えられる。紛争の一回的解決のためには被害車両の所有者にADRに参加してもらう必要がある。また，Yの対応に不満をもっていることについてはYに説明を求める。

(3) Yの主張

当初，保険会社が保険での対応が可能であるかのように話していたことから，市は保険で対応しようと考えていた。ところが，保険会社が，今回の東日本大震災による事故については保険での対応はできないと回答してきた。こうした経過から，X_1に迷惑をかけてしまった。

不可抗力を主張したい。少なくとも大幅な過失相殺が認められてしかるべきである。

損害額については，修理代金の額が被害車両の時価を上回ると考えるので，被害車両の時価を基準に考えたい。

なお，Yとしては，話し合いでの解決を目指したいと考えている。X_2にも当事者として参加させて欲しい。

(4) Yの主張と仲裁人の意見を踏まえてのX₁の主張

　被害車両は希少価値などの特殊性から，その時価は損害額を上回ると考える。資料として，被害車両と類似の車両のネットオークションの取引事例がある。

　Yの過失主張は理解できる。

　被害車両の所有者が利害関係人として参加することは可能である。

(5) 仲裁人による検討課題の提示

　当事者双方に次回までの以下の点を検討課題とした。

・被害車両の時価を検討してくること。その根拠となる資料を用意すること。
・過失相殺（過失割合）についての主張とその根拠。
・X₁は，被害車両の所有者がADRに参加することの確認をとること。

2　第2回期日

(1) Yの検討結果および主張

　被害車両の価格については，大阪地裁の判決（大阪地判平2.12.20公刊物未登載：車検切れのケース）を参考事例として考えたい。本件にあてはめると，損害額は174,000円となる。

　過失割合は，類似の例（マンホールが浮き上がった状態での事故で，落差が15cmの例）では，市側と運転者側とが3対7の過失割合となっている。この例に従うと174,000円×10分の3≒52,200円となる。

　この金額を参考に話し合いを進めたい。

　なお，被害車両の類似の取引事例を調査している。940,000円を下回る例が多い

(2) X₁の検討結果および主張

　破損した車両と類似の車両の取引事例を参考に時価を算定すべきである。インターネットで入手した類似の車両の販売価格は940,000円を越えている。したがって，修理代金940,000円が損害額である。

　過失割合は，5：5位と考える。

450,000円の賠償額を主張したい。

(3) 仲裁人の意見

第3回期日の前に，仲裁人の案を提示するので，期日までに検討して欲しい。

なお，被害車両の時価の評価については，類似の車両の取引事例をもとに，被害車両の取引価格を算定し，それをもとに損害額を検討する。時価の算定根拠となる資料があれば，斡旋案を出す前に提出して欲しい。

過失割合については，仲裁人も独自に調査をし，その割合を決めたい。参考事例等があれば，提出して欲しい。

第3回期日前に斡旋案を出された案は下記の通りである。

　車両の時価　600,000円
　過失割合　　$X_1 : Y = 6 : 4$
　損害額　　　240,000円

3　第3回期日

Y：斡旋案を承諾

X_1：斡旋案を承諾

仲裁人：次回期日に利害関係人も同席の上，和解書を作成する。

4　第4回期日

X_2も同席し，和解が成立した。

結　果

Yにおける賠償額240,000円で和解が成立した。(損害額600,000円，過失割合X_1側6：Y側4)。

コメント

主な争点は，被害車両の時価と，過失割合であった。これらは当事者双方の主張に隔たりが出やすく，双方からの歩み寄りがなければ合意に至るのが困難と思われた。

これに対し，Yから，X₁に対する対応に問題があった点について誠実に経過説明がなされたことから，X₁は歩み寄りの姿勢を持ってくれた。また，Y側に代理人がついており，Yを説得してくれたこともあり，和解につながったと思われる。

コラム8　国も賠償責任を負う？

　一般の民間人が他人に損害を与えた（例：怪我をさせた・他人の物を壊した）場合には，一定の要件を充たせば不法行為（民法709条）として，その他人の損害（例：治療費・壊した物の弁償費用）を賠償しなければなりません。

　ところが，民間人でなく公務員が職務上他人に損害を与えたような場合には別に考えなければなりません。旧憲法（大日本帝国憲法）下では，そのような場合でも基本的に，国や自治体も公務員個人も損害賠償責任を負わないとされていました（国家無答責の原則）。しかし，現在の日本国憲法17条は「何人も，公務員の不法行為により，損害を受けたときは，法律の定めるところにより，国又は公共団体に，その賠償を求めることができる。」と定めています。そして，このような国などの損害賠償責任を定めた法律が「国家賠償法」です。

　国家賠償法は，1条で「国又は公共団体の公権力の行使に当たる公務員が，その職務を行うについて，故意又は過失によって違法に他人に損害を加えたときは，国又は公共団体が，これを賠償する責に任ずる。」として，公務員の不法行為に基づく国などの損害賠償責任を定めています。**ケース30**では本条の適用の有無が問題になると考えられます。本条が適用されるためには

　① 当該行為の主体が，国または公共団体の公権力の行使に当たる公務員であること

② 公務員の職務行為であること
③ 当該職務行為に違法性があること
④ 公務員に故意または過失があること
⑤ 被害者に損害が発生したこと
⑥ 公務員の行為と損害との間に因果関係があること

のすべての要件を充たすことが必要です。公立学校の教諭が必要もないのに生徒にひどい体罰を与え，生徒が怪我をした場合などが典型的です。なお，本条が適用される場合，当該公務員個人に対して損害賠償請求はできないと考えられています。

また，国家賠償法は2条で「道路，河川その他の公の営造物の設置又は管理に瑕疵があったために他人に損害を生じたときは，国又は公共団体はこれを賠償する責に任ずる。」として，営造物の設置管理の瑕疵に基づく国などの損害賠償責任を定めています。ケース31では本条の適用の有無が問題になると考えられます。本条が適用されるためには

① 公の営造物であること
② 公の営造物の設置・管理に瑕疵があること
③ 損害が発生していること
④ 公の営造物の設置・管理の瑕疵と損害との間に因果関係があること

のすべての要件を充たすことが必要です。このうち「瑕疵」とはその営造物が通常有すべき安全性を欠いていることをいうとされています。市などの地方公共団体が設置・管理する歩道橋が一部破損し，落下の危険性があるにもかかわらず放置されていたことにより，そこを通行していた子どもが落下し怪我をしたというような場合が典型的です。

第6章 その他の契約関係の紛争

1 震災により瑕疵が明らかとなった事例

ケース32 耐震性に優れたことを謳った住宅の損害

カタログで「阪神大震災の1.5倍の揺れに耐える構造」とされ、東日本大震災の2年半前に引き渡された住宅が、阪神大震災以下の震度（震度6強）で半壊した場合、建物の工事請負業者は工事代金の返還に応ずる義務があるか。

事案の概要

申立人（X）は住宅メーカーの相手方（Y）との間で居宅の工事請負契約を締結し、平成23年3月11日の東日本大震災の2年半前に引渡しを受けたが、3月11日の東日本大震災によって半壊した。Xとしては、再び同程度の地震に見舞われた場合、人身被害の危険性があるので、修理して住むつもりはないということである。Xはパンフレットに「耐震性に優れている」と明記され、それを信じて工事請負契約に至ったことを理由に、支払った工事代金のうち、住宅ローンの残金相当分の返還を求め、本申立てに及んだ。

なお、工事請負契約書には耐震性に関する規定はないが、パンフレットには「阪神大震災の1.5倍の揺れに耐える構造」との記載があり、Yが契約にあたり、耐震性について説明し、安心安全な建物を提供すると説明したことは

認めている。

当事者

X：居宅を発注した契約者（申立人，注文者）
Y：居宅を受注した住宅メーカー（相手方，請負人）

協議の経過

1　第1回期日

XおよびYからそれぞれ主張を聴取した。

Xの主張：カタログで謳っている「阪神大震災の1.5倍の揺れに耐える構造」と実際はかけ離れている。阪神大震災以下の揺れ（震度6強）であるにもかかわらず，なぜ半壊に至ったのか説明を求める。

Yの主張：建物が傾いた訳でも構造上問題がある訳でもなく，修理して住むことができる状況にあるので，工事代金の返還には応じられない。

2　第2回期日

専門委員（建築士）と現地調査。X・Yから説明を受けた。

後日，専門委員から調査報告書の提出を受ける。

3　第3回期日

仲裁人が本ADRにおける争点・論点をまとめて提示した。

仲裁人の論点整理は以下のとおりである。

① 東日本大震災における仙台市内の揺れは，阪神大震災以下あるいは同等であるという認識でよいか（Yに対して）。
② Yが販売している家は，阪神大震災以下あるいは同等の揺れで，当然に本件程度の損害が生じることを想定したものなのか，それとも今回の損害は想定外なのか（Yに対して）。
③ 阪神大震災以下あるいは同等の揺れで本件程度の損害が生じることを想定していなかった場合には，実際に今回のように損害が生じた原因をどのように考えるか（Yに対して）。

④ 耐震性を確保するために，Yとしては何をしていたのか。特にどのような点に力を入れていたのか（Yに対して）。
⑤ 仮に地盤の軟弱性が今回の損害の原因であるとすれば，Yはその地盤の軟弱性に気付くことができたのか。また，気付いたとしてもそれに対応することができたか（Yに対して）。
⑥ （地盤の軟弱性との関連で）通常の工法では不十分（阪神大震災を超える揺れに対応できない）と気付いたのであれば，施主にそれを告知し，軟弱地盤の改良方法を説明して対応を検討させる義務があったか（Yに対して）。

4　第4回期日

Yから論点整理に対応して準備書面が提出され，それに対するXの反論を聴取した。ポイントである⑤の地盤の軟弱性についてYは「地盤の軟弱性も一因をなしているが，工法・費用の両面で確立した工事方法はない」と主張し，Xは「地盤に問題があれば地主に告知し，検討する機会を与えるべき」と反論した。

5　第5回期日

Xに対し，補修による解決の意思がないかどうか確認したが，Xにはその意思はなかった。したがって，請負代金の返還という解決案以外なく，⑥につき地盤を強化すれば半壊を免れた可能性があること，施主への告知義務違反があったことを前提に，

① 完成（平成20年7月）～3月11日まで住んだこと
② 補修を拒否したこと
③ 地震保険の支給があったこと
④ 訴訟の負担とリスク

を考慮し，残ローンの50％～70％の案を出すことでXの同意を得た。

しかし，Yはパンフレットの内容が契約内容の一部をなしていること，地盤強化の必要性をXに説明する義務があるとの点に同意せず，「想定外の揺れがすべての原因」「金銭解決としては1,000,000円が限度」との姿勢を崩さず，

やむなく不成立となった。

結　果

前記のとおり第5回期日で不調で終了した。

コメント

論点についての双方の見解の相違が大きく，ADRとしては限界であり，論点について裁判所の判断を仰ぐのが適当と判断した。

ケース33　建物付帯設備の転倒による損害

　　震災によって転倒した蓄熱式暖房機の交換を求められるか。

事案の概要

　申立人（X）は，平成17年ころ，住宅建築会社である相手方（Y）との間で請負契約を締結し，新築住宅（本件住宅）を建てた。

　平成23年3月11日発生の東日本大震災によって，Yが本件住宅建築時に設置した蓄熱式暖房機が転倒した（なお，応急的に蓄熱式暖房機を起こして元の位置に置いていたが，同年4月7日の余震で再度転倒した）。同暖房機の製造業者担当者に設置状況を確認してもらったところ，本来取り付けるべき転倒防止措置が施されていないことが判明した。

　そこで，XはYに対し，蓄熱式暖房機を新しいものに交換し適切な方法で設置すること，同暖房機が転倒することにより損傷した床の補修を求め，申立てがなされた。

　なお，示談交渉時からYには代理人が就任し，Y代理人からは，想定外の地震であり不可抗力であるので，Yには責任がない旨の回答をXは受けてい

た。しかしXは，蓄熱式暖房機は250kgもあり，一歩間違えば人身事故となりうる危険性があったものであり，不可抗力というYの主張は納得できないとして申立てがなされたものである。

当事者

　X：本件住宅の注文主であり，蓄熱式暖房機の所有者（申立人）
　Y：本件住宅の建築施工者であり蓄熱式暖房機の設置施工者（相手方）

協議の経過

1　第1回期日

　Yとしては法的責任を負うものではないが見舞金として100,000円程度は支払う用意がある。

　Xは，あくまでもYに新しい蓄熱式暖房機の設置をお願いしたいとの意向を示す。ただし，新しいものに取り換えるということもあり，新設費用の2分の1程度の金額を負担する用意はあるとのことであった。

　実際に，同暖房機新設工事をした場合の見積りがどうなるのかを明らかにするようYにお願いし，次回期日を指定した。

2　第2回期日

　Yから見積書提出あり。蓄熱式暖房機本体価格約300,000円に工事代金約170,000円という見積り内容であった。

　Xとしては，見た目はあまり気にしない（たとえば，穴の開いた部分は交換ではなくパテで埋めて塗装をするなどの方策でよい）ので，工事代金をさらに下げて欲しいという要請があった。

　Yに，さらに工事代金の減額検討を依頼し，次回期日を指定した。

3　第3回期日

　結局，XがYに150,000円を支払うとともに，Xは希望するオプション工事をXの負担でYに行ってもらうという内容で和解が成立した。

結 果

前記のとおり，第3回期日で和解成立した。

コメント

　250kgもある蓄熱式暖房機はリビングに設置されるものであり，一歩間違えば人身事故を惹起させかねないものであって，その設置を安全に行うべきは当然の要請である。その意味で感情的対立が激しい場合には，なかなかADRでの和解解決は困難であったかもしれない。しかし，本件は，XがYに対して「基本的には良い家を建ててもらった」として悪感情がなく今後とも良好な付き合いを継続したいという意向があった。一方，Yとしても顧客の立場を尊重し，合理的な解決を指向したいという考えがあり，両者のニーズが合致したものといえる。

コラム⑨　お隣さんのブロック塀が崩れてきた！どうしよう…（民法上の不可抗力）

　地震の影響で，建物が壊れたり，ブロック塀が崩れたりして，まわりの人の身体や財産に被害が出ることがあります。今回の震災でも，建物やブロック塀，壁などが崩れ，その近所の方に損害が生じたケースがたくさんありました。さて，その場合，誰がその損害を賠償する責任を負うのでしょうか。

　建物やブロック塀の構造や管理に問題があれば，管理している人が責任を負うのが原則です。ただし，あまりに激しい揺れだった場合には，ある程度の補強をしてあっても崩れてしまうのだから，それは不可抗力で建物が壊れたのであって，建物の管理者などに責任を負わせるのは酷だから責任なしにしましょう，という法律の仕組みになっています。つ

まり、こういうケースでは、建物自体の問題と、揺れの大きさの問題が出てくるのです。

それでは、どのような構造や管理を備えれば管理者は責任を負わなくていいのでしょうか。また、どの程度の揺れならば管理者は責任を負わなくていいのでしょうか。これがやっかいなところです。建物の耐震性基準はそう簡単には数値化できないもので、実際の工法や業界の耐震対策の基準、まわりの建物との比較や建てられたあとの管理方法などから検討するしかありません。また、揺れについても地域の震度だけで決まるわけではなく、狭い範囲での局地的な震度や、地盤の固さなどを検討する必要があったりします。そして、お互いの意見が対立すれば最後は裁判所が証拠に基づいて決めることになります。

結局、そのような認定には時間とお金がかかるので、被害が比較的少額の場合には、話し合いを前提とした震災ADRで解決をするケースが多かったようです（ケース16やケース33などを参照）。

2　震災後の補修工事が不完全な事例

ケース34　震災後の修繕工事における瑕疵

建物修繕契約解除とこれに伴う未払代金の減額は認められるか。

事案の概要

申立人（X）は、その所有する建物が東日本大震災で被災したため、その修繕工事を代金3,520,000円で相手方（Y）に依頼したところ、修繕工事はほ

ぼ完了したが，工事に以下のような不具合があったためYに部材の交換，手直し工事を依頼した。しかし，後記2以外の点は対応できないと言われたため，Xから請負契約を解除して工事残代金1,000,000円の減額（免除）を求めた事案である。なお，東日本大震災を原因とする修繕工事のため代金のうち520,000円は申立人の居住する自治体が負担した。

 1　引き戸，ドアが注文品と異なるので注文品に変える。
 2　幅木，回り縁，窓枠の手直し工事をする。
 3　壁，化粧合板その他の傾斜を垂直に直す。

当事者

　X：本件建物を所有し，本件建物の修繕を相手方に依頼した注文者（申立人）
　Y：Xから本件建物の修繕工事を依頼された請負人（相手方）

協議の経過

1　プレ審理期日
Xから申立内容を聴取し，審理開始を決めた。

2　第1回期日
Yから主張内容を聴取した。

　Yの主張の骨子は，本件工事は常にXの意向を聞きながら進めており，工事完成間際になって色々なクレームを言われるのは納得できない，必要な手直し工事は行うが代金減額には応じられないというものであった。

　当初XとYから別々に聴取していたが，Yの要望により同席で手続を進めることにした。同席に移行した後も，初めのうちは当事者双方がそれぞれの言い分を一方的に主張したため一時険悪な雰囲気となり，仲裁人は手続の打切りも考えた。しかし，Yより，やや唐突な感じで必要な手直し工事をした上，残代金1,000,000円のうち500,000円の減額に応じる旨の提案が出され，Xもこの提案を受け入れ，和解成立の流れとなった。

　そこで，第2回期日までの間にYが必要な手直し工事を行い，工事完了を

確認してXが残代金500,000円を支払うという内容の和解案を正式に提案した。

3　第2回期日

当日は，Xの自宅に当事者双方と仲裁人が集まり前記のとおりの内容の和解が成立した。

結　果

前記のとおり，第2回期日で和解成立した。

コメント

　事案の内容は特に複雑ではなく当初より和解あっせん可能な事案と思われたが，当事者特にYの個性が強く手続に反映し，途中は当事者の主張に歩み寄りが見られず，手続の打切りも視野に入れざるをえなかった。仲裁人は基本的に同席で手続を進めることには消極であるが，本件に関しては同席で当事者双方が直接「相手に言いたいことを言った」ことが和解成立につながった側面は否定できない。最終的に和解に至った「残代金500,000円減額」の提案は純粋にYから出されたものであり，仲裁人はその適否を云々する立場になく，この提案を受け入れるか入れないかはXの意思に任せた。

　先に述べた同席における当事者のやりとりを好きにさせた以外に仲裁人として特に工夫した点もないのでやや一般化しづらい事案であるが，和解成立に至った一事例として紹介する価値はあると思われる。

ケース35 被災者生活再建支援事業補助金の取扱い

> 被災者生活再建支援事業補助金による修理と，被災者自己負担分修理が一体となった修理請負契約の内容はどう考えるべきか。

事案の概要

申立人（X）は，被災して屋根葺替工事を相手方（Y）に依頼して工事を終了した。Xは，Yから自己負担分工事代金の支払を要求されているが，その請求金額に不満があるので支払いたくないとのことで，本申立てに至った。

当事者

X：工事の注文者（申立人）
Y：工事業者（相手方）

協議の経過

1　第1回期日

申立人および相手方から，それぞれの主張を聴取した。

(1)　Xの主張

自己負担分金額について，金250,000円であると主張した。Xの主張の根拠は，Yが仙台市に提出した修理見積合意書（書面には双方が見積りに同意している旨の署名押印がある）記載の金額である。

(2)　Yの主張

Yは500,000円であると主張した。Yの主張は，口頭によって何度も確認した自己負担金額であり，前記修理見積合意書は，Xが補助金制度を最大限に利用したいという希望に応えて自己負担工事の記載方法を工夫したものであ

りXは納得していた，というものであった。

(3) Xの主張（反論）

Xは，当初の自己負担金額が500,000円であると言われて合意していた時期はあったが，前記修理見積合意書によって減額されたものであり，Yが不正なことをしているので同見積合意書記載の自己負担分250,000円も支払わないと主張した。

(4) 仲裁人による提案

X，Y双方譲らず互いに強い不信感を持っていた。Xは，当初の申立内容に加えて，屋根工事の養生が悪くて損害を被った旨の主張を付加し，紛争は拡大する様相を呈した。

仲裁人としては，Xに対して，修理見積合意書記載の250,000円については双方に異論はないので，これは支払った上で話し合いを続けることはできないか次回まで検討するように要請したが，消極的な態度であった。

また，仲裁人は，Yに対して，契約書を作成していないことの不備が紛争の一因になっていることを指摘し，ADR手続の中で解決するために請求金額を一定減額する用意があるか否か意思確認したところ，Yは，自身の不備を認めて一定の減額をしたい旨の意思を表明した。

Xは，前記見積合意書は減額契約書であるとの認識が強く，妥協する意思が無いような態度であった。Xは一人暮らしの高齢者であったので親族等の意見も聞いて対応するように要請し，双方に対して，次回に和解の可能性がみられない場合には手続は終了する可能性が高いことを確認して，双方の検討課題を持ち帰ってもらうことになった。

2 第2回期日

Xは，期日間に，Yに250,000円の支払を済ませていた。Xは，Yに対して，35,000円を支払うとの提案を行った。Yは，50,000円支払ってもらいたい旨の対案を出してきた。Xは，Yの提案を受け入れて和解が成立した。

結 果

前記のとおり，第2回期日で和解成立して終了した。

コメント

　Yが実際に施行した工事内容は，前記見積合意書に記載されている以上の内容であった。このことはXも認めていたので，争点は，この見積合意書によって減額合意が成立しているか否かであった。法律的には，双方に夫々の言い分があると思われる。

　Yは，Xが補助金規定の上限まで利用できるように工夫したつもりであったが，必ずしも上記見積合意書のような書面を作成する必要はなく，誤解のないような書面で申請することも可能であったことも判明した。その意味で，Yには，工事業者として震災関係書類の作成に習熟していなかったという反省も生まれたため，大幅な代金減額に応じることになった。そのような心情に至った要因として，Xが期日間に250,000円を支払ってくれたことが大きく作用したと思われる。

3　債務の減免を求めた事例

ケース36　保証人死亡時の任意整理

　東日本大震災に起因する津波により，会社の保証債務を負った者が死亡した事案に関する任意整理の方法としてどのようなものがあるか。

事案の概要

亡Aは，東日本大震災による津波で死亡した者であるが，亡Aは会社を経営しており，その会社は相手方（Y）より2口の借入れを行っていた。

1口についての保証人は，亡Aのみであり，もう1口の保証人は亡AおよびX3であった。なお，亡Aの相続人は申立人X1およびX2であった。

会社自体も津波による被害を受け，廃業を決意する中で，保証人がどの程度支払をしなければならないのか，YとX1，X2およびX3（以下「Xら」という）との間の任意整理を行った事案である。

当事者

X1，X2 ：亡Aの兄弟であり，相続人（申立人）
X3 　　：会社のYからの借入れについての保証人（申立人）
Y 　　　：会社に対して貸付を行っていた金融機関（相手方）
亡A 　　：東日本大震災による津波で死亡した会社代表者
会社 　　：亡Aの経営する会社

協議の経過

1　第1回期日

XらおよびYから，それぞれの主張を聴取した。

なお，2口の債務の内，1口の残元金は約14,720,000円（X3が保証人となっているもの），もう1口の残元金は約8,110,000円であった。

X1およびX2の主張：保証債務であり，かつ，相続による債務であるため，遅延損害金を含めて全額支払わせられるのは納得がいかない。会社には津波に流された土地ではあるが，Yが根抵当権を設定する土地があるのであるから，その土地の売却代金以上は負担したくない。

X3の主張：会社の保証債務であり資力も十分にないので，会社の土地の売却代金だけで勘弁してほしい。

Yの主張：本件における保証の内容は連帯保証である。遅延損害金の一部は負担してもらいたい。土地の売却代金は当然に債務の弁済に充ててもらう。

仲裁人の進行：本件における債務が保証債務であること，特にX_1およびX_2については相続された保証債務であることに鑑みて，遅延損害金を含めた全額を負担させることは相当ではないとの価値判断の下，元金の減額をYに打診したところ，到底受けられないという回答であった。

一方，Xらの要望によると，X_3は，Yより別の借入れを検討しているが，本件が解決しないと融資が受けられない状態にあるので，先にある現金でX_3だけを保証債務から開放したいというものであった。

これを受けて，①遅延損害金については０または著しい低額で対応し，②現金で用意できる範囲で，まずX_3の保証債務を全額支払い，③もう１口については会社の不動産の売却を待ってからの支払という形での検討はできないかをYに打診したところ，成立可能性がありそうであったため，概要以下の和解提案を行った。

1　遅延損害金は１口当たり10,000円の合計20,000円。
2　X_1およびX_2は，11,430,000円の支払義務を認める。
3　X_3は，14,730,000円の支払義務を認める。
4　Xらは，14,730,000円を一括にて支払う。
5　X_1およびX_2は会社の不動産売却後，8,120,000円を上限としてYに支払う。

2　第２回期日

双方が納得をしたため和解が成立した。

結　果

遅延損害金を１口当たり10,000円とする内容で和解が成立した。

コメント

遅延損害金について，思い切って１口10,000円の提案をしたところ，予期

に反してYが納得してくれたので，売れ払いの計画を立てても，売れるまでの日数分の遅延損害金を気にしなくてよいこととなったことが，Xらの同意を得る最大の説得材料となった。

なお，当初の受付時は，X_1のみを当事者としていたが，相続が絡んだこと，他の保証人が存在したことから当事者が増えた。保証債務事案や相続絡みの事案の場合には，当事者の特定については格段の注意を払う必要がある。

コラム⑩　こんな事例もありました（その2）
弔慰金等の手続で誰が代表となるか（同順位の者が複数の場合）

【事案の概要】
　東日本大震災で親が亡くなってしまい，子どもが複数名いるというときに，誰が弔慰金等の受給手続を行うかで話し合いがまとまらず，このままでは弔慰金等の受給手続が進まないため，代表者を決めて手続を進めたいとして，子どもの一人がADRを申し立てた事案でした。

【協議の経過と結果】
　当事者から言い分や事情を聞いたところ，受給後の分け方については特に争いはなかったが，相互に信頼ができなかったことから，当事者のみの話し合いでは代表者を決めることができずADRの申立てに至ったとのことでした。
　ADRという手続で中立公正な第三者が入った上での約束ということでの信頼性を説明し，最終的には代表者についても話し合いがまとまり，和解が成立しました。

4 震災を理由とする解約トラブル

ケース37 被災マンションにおける賃貸借契約の解約

借主から被災マンションの賃貸借契約の解約を求めたとき，契約の解約条項の適用はどうなるか。

事案の概要

申立人（X）は，賃貸マンションと駐車場を借りて住んでいた。

東日本大震災で借りていたマンションが被災し，外壁に亀裂が生じたため，Xはもう住むことはできないと判断し，マンションから退去することを3月中旬に相手方（Y_1）に申し出て，荷物の搬出を行い，4月中旬までにY_1立会のもと明渡しを終了した。

契約書では，賃借人から解約を申し出る場合，家賃は2カ月分，駐車場代は1カ月分支払うことになっていた。

Xは3月分（2月末支払），4月分（3月末支払）の家賃，駐車場代は支払済みであった。Xは地震のため住めなくなったのであるから，契約書の解約条項は適用されず，4月分については明渡日までの日割計算と敷金全額（マンション3カ月分，駐車場代1カ月分）の返還を求めていたが，Y_1は契約どおりの扱いしかできないと拒絶していた。

当事者

X：マンションの賃借人（申立人）

Y_1：マンションの賃貸人（相手方）

Y_2：マンションの所有者であり，駐車場の賃貸人（相手方）

協議の経過

1 申立人のプレ審理

本件は、Y₁を相手方として申立てがなされていたが、プレ審理において、Xは、契約書は紛失してしまったが、マンションの所有者はY₂であると説明したので、相手方をY₁、Y₂の2名として呼出状を送付することになった。

呼出しに対し、Y₂は、本社が遠隔地にあるため審理に出席できないと回答してきた。しかし、Y₁は、マンションの賃貸人はY₁であり（他人物賃貸ということか）、駐車場については賃貸人のY₂から駐車場代の徴収を任されており、審理に応じると回答してきたので、Y₁のみの出席で審理を進めることになった。

2 第1回期日

プレ審理の段階で、Xの主張は一応確認していたので、Y₁の主張を確認することが中心となった。

Xの主張：東日本大震災でマンションの外壁に亀裂が生じ、タイルが大量に剥がれた。室内は、物が一面に散乱して漏電の心配もあり、とても住めないと思って退去を決めた。他にも退去した賃借人がいたはずだが、退去者が少ないのは、そのマンションが社宅用に借上げされていたからである。Xとしては、不安だったため東日本大震災後は別の家で暮らしていた。借りていた駐車場は、落下物の危険があって車を置くことができなかったので、別の駐車場を二重に借りることになった。

消費生活センターに相談したところ、元通りになっていないなら契約条項には拘束されないとアドバイスされた。

Y₁の主張：契約書では、借主から解約を申し出るときは、明渡日の2カ月前に通知するか、2カ月分の賃料を支払わなければならないことになっている（駐車場代は1カ月分で足りる）。また、賃貸借終了の場合は、賃料等の日割計算をしないとされている。マンションは、東日本大震災で外壁等の一部に被害が出たことは認めるが、居住不能になったわけではなく、東日本大

震災で退去したのはXただ1人だけである。

Xの退去は，3月中旬に退去の申出があったのであるから，契約条項からは，賃料は4月分，5月分，駐車場代は4月分全額を支払うことになる。賃料等の日割計算に応じることもできない。

仲裁人の進行：マンションが客観的に居住不能になったのであれば，契約終了ということも考えられるが，Xのマンションがそのような状況にあったと評価するのは，Xから提示された写真を見ても困難なところがあった。しかし，マンションに一定の被害が出ていたのは明らかであるから，東日本大震災後1日も住んでいないというXの心情にもある程度配慮する必要があると考えられ，その旨Y_1に伝えたところ，Y_1も同様の認識を有していることが確認できた。

Y_1は，5月分の賃料を免除することまでは，持ち帰って検討できると伝えてきたので，そのことをXに伝えたところ，Xはさらに駐車場代1カ月分の減額ができないかと言ってきたので，それをY_1に伝え，次回まで双方に検討してきてもらうことをお願いした。

3 第2回期日

Y_1は，検討結果として，5月分の賃料は免除できるが，駐車場代分の減額は認められないと伝えてきた。その旨Xに伝えたところ，Xも了承することになった。

そこで，和解条件を最終的に詰める作業に入り，XがY_1に預けていた敷金からハウスクリーニング費だけを控除した差額をXの口座に振り込むことで返金することで和解が成立した。Xは，Y_2についての申立ては取り下げた。

結　果

前記内容で第2回期日に和解が成立した。

コメント

被災した賃貸住宅については，同様の紛争が生じているが，法律論を展開

するだけでは，必ずしも紛争の妥当な解決にはつながらないため，事案に応じた落としどころを探る必要が出てくる。

　この種の事案では，紛争内容の経済的価値からして，時間と労力をかけて訴訟等で争うことは，当事者双方にとって現実的な解決策とはならないため，震災ADRの利用は，紛争の早期，簡便な解決として有効に機能したと考えられる。

第 2 部

震災ADRの現状と課題

第1章 統計と分析

仙台弁護士会紛争解決支援センター運営委員会　運営委員
弁護士　**伊藤敬文**

1　総　論

　申立件数は，平成23年4月20日～平成25年6月30日までの約2年2ヵ月で499件であった。このうち396件が東日本大震災後1年間に集中しており，1年間で阪神淡路大震災の際の罹災都市臨時示談斡旋仲裁（ADR）センターの3年間の実績を超えた（なお，平成23年4月19日以前の申立てであっても東日本大震災に起因する紛争については，震災ADRとして遡及的に取り扱った。データには，このような遡及適用の件数も含まれる）。これほど多くの利用があったのは，申立サポート制度，申立手数料等の無料化とともに，これまでのADRセンターの活動が評価されたことから相談を受けた弁護士が震災ADRを紛争解決手段として選択し，相談者に震災ADRを教示した結果だと考えられる。

　平成23年4月20日から平成25年6月30日までの統計から分かる仙台弁護士会震災ADRの特徴は次のとおりである。

2　月ごと申立件数

　仙台弁護士会では震災ADRにおいても一般ADR同様法律相談前置を採用したため，申立件数については，法律相談件数（電話相談含む）のピークから若干遅れてピークがみられた。その結果，平成23年4月21日のスタートから2ヵ月強（〜6月末）の間に183件（期間全体の36％）の申立てが集中していた。その後法律相談件数の減少に合わせて基本的には減少したが，同年11月までは毎月20件強，その後も平成24年11月まで毎月10件程度の申立てがあった（【図表1】参照）。

【図表1】 法律相談・震災ADR申立件数

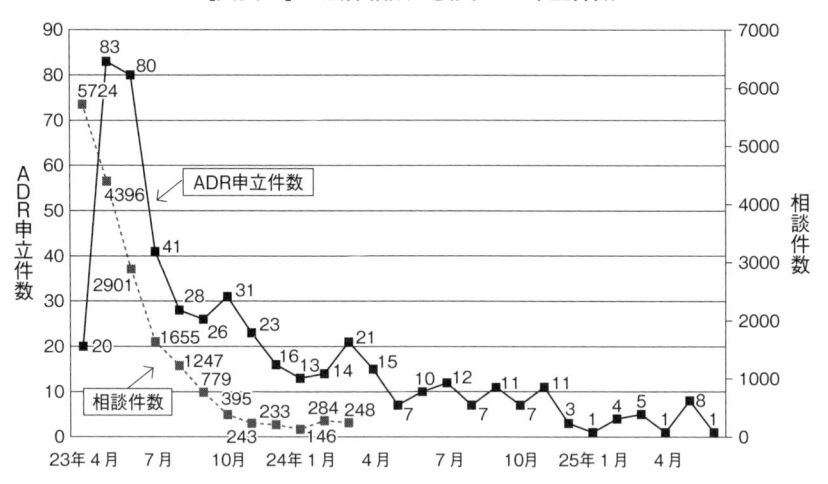

	23年 4月	5月	6月	7月	8月	9月	10月	11月	12月	24年 1月	2月	3月
法律相談	5724	4396	2901	1655	1247	779	395	243	233	146	284	248
ADR	20	83	80	41	28	26	31	23	16	13	14	21

	24年 4月	5月	6月	7月	8月	9月	10月	11月	12月	25年 1月	2月	3月
法律相談	−	−	−	−	−	−	−	−	−	−	−	−
ADR	15	7	10	12	7	11	7	11	3	1	4	5

	25年 4月	5月	6月
法律相談	−	−	−
ADR	1	8	1

	合計
法律相談	18251
ADR	499

※東日本大震災に関する法律相談件数の統計としては平成24年3月までしか存しない。

第1章 統計と分析

3 事件類型

　圧倒的に申立件数が多い事件は賃貸借契約をめぐる紛争であり，全体の約42％を占めていた。早期かつ迅速な紛争解決が求められる類型であり，賃貸借紛争が多く申し立てられるであろうことは予想していた。たとえば，賃貸建物につき「大規模半壊」の認定を受けたため賃借建物は「滅失」したとして賃貸借契約の終了に基づく建物明渡しを求める賃貸人と，「滅失」したとはいえないとして賃貸借契約の存続確認と賃借建物の修繕を要求する賃借人との紛争，地震により建物が損壊したのに修繕をしなかった期間の賃料の減額請求などが典型例として挙げられる。

　次に多い類型は，相隣関係紛争であり，全体の約13％を占めていた。たとえば，地震により隣家の屋根瓦が落下し隣家の車両にあたったことから損害賠償請求を求める申立てなどが典型例である。このような事案は，屋根瓦の落下が不可抗力といえるのかどうかが争点であるが，訴額がそれほど高額でもないが厳密な事実認定や法の当てはめを行うとすればかなりの労力を要することが想定される事件類型であり，そのような紛争を法律専門家が仲裁人となり解決に導くことは，迅速・安価な紛争解決と評価できるものと思われる。

　さらに，東日本大震災を原因として解雇されたが東日本大震災は口実に過ぎず解雇原因はないのではないかとする労働関係紛争，地震直後に業務命令で沿岸部の契約者宅を訪問する途中に津波被害に遭い死亡した従業員の遺族が業務命令を発した会社に対して謝罪と損害賠償を求めた労災関係紛争，東日本大震災後に建物修理を注文したものの請負期間内に修理が終わらず損害を被ったとする請負契約に関する紛争，原発事故で立入りが制限されることとなった不動産について東日本大震災前に売買契約を締結し手付金を支払ったが解除にあたり手付金が没収されるのには納得ができないといった売買契約に関する紛争，兄弟姉妹間で災害弔慰金の受給権者を誰にするかという点につき紛争になったことについての和解あっせんを求める紛争等々，事件類型は多岐にわたる（【図表２】参照）。

【図表2】 申立事件類型

類　型	23年4月	5月	6月	7月	8月	9月	10月	11月	12月	24年1月	2月	3月
賃貸借	3	37	35	22	12	14	8	11	4	6	7	6
相隣関係	7	11	14	6	1	1	4	5	3	3	2	0
請負契約	4	13	8	1	2	3	6	4	1	2	1	7
労働関係	1	4	4	0	3	2	0	0	0	0	0	0
その他契約	2	6	11	7	7	0	8	2	6	1	2	4
不法行為	3	8	1	3	2	6	1	0	1	0	0	2
親族・相続	0	0	1	0	0	0	2	1	1	0	1	1
その他	0	4	6	2	1	0	2	0	0	1	1	1
月別合計	20	83	80	41	28	26	31	23	16	13	14	21

類型	24年4月	5月	6月	7月	8月	9月	10月	11月	12月	25年1月	2月	3月
賃貸借	7	5	7	5	1	5	3	4	1	0	1	1
相隣関係	2	0	0	1	2	2	1	0	0	0	0	0
請負契約	0	0	2	2	2	0	1	2	0	0	1	2
労働関係	0	1	0	0	0	0	0	0	0	0	0	0
その他契約	1	1	0	0	0	1	0	2	1	1	0	1
不法行為	2	0	1	1	1	0	2	0	1	0	0	1
親族・相続	2	0	0	2	1	3	0	2	0	0	1	0
その他	1	0	0	1	0	0	0	1	0	0	1	0
月別合計	15	7	10	12	7	11	7	11	3	1	4	5

類型	25年4月	5月	6月	合計
賃貸借	0	5	1	211
相隣関係	1	0	0	66
請負契約	0	0	0	64
労働関係	0	1	0	16
その他契約	0	1	0	65
不法行為	0	0	0	36
親族・相続	0	1	0	19
その他	0	0	0	22
月別合計	1	8	1	499

4 応諾率・解決率

申立件数（応諾前取下げは除く）のうち話合いのテーブルについた件数の割合を示す応諾率は，期間全体を通じては80％と一般ADRと大差なかったが，立ち上げ当初の4月までは100％，5月までは92％という結果が示すように，当初ほど応諾率が高いという傾向がみられた（【図表3】参照）。

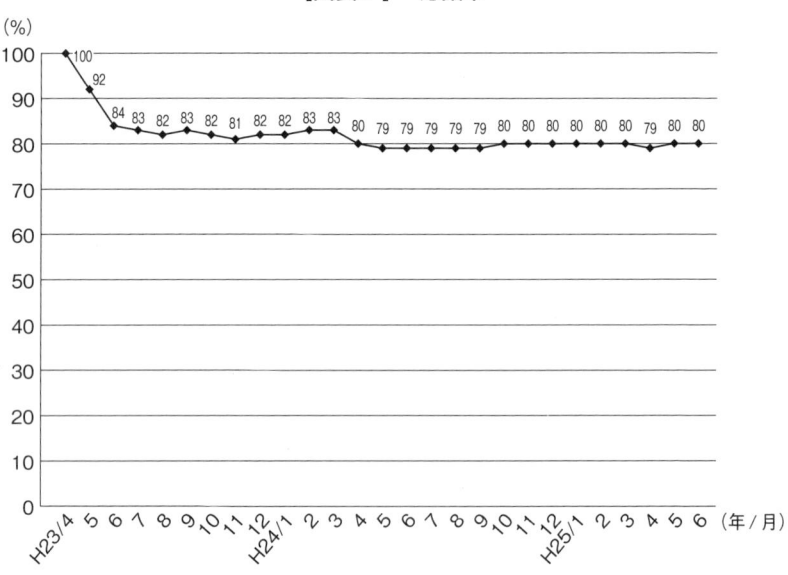

【図表3】 応諾率

年/月	応諾率(%)
H23/4	100
5	92
6	84
7	83
8	82
9	83
10	82
11	81
12	82
H24/1	82
2	83
3	83
4	80
5	79
6	79
7	79
8	79
9	79
10	80
11	80
12	80
H25/1	80
2	80
3	80
4	79
5	80
6	80

応諾した件数のうち和解による解決ができた件数の割合を示す解決率は，期間全体を通じて62％であり，一般ADRと大差なかった（【図表4】参照）。

【図表４】 解決事件数と解決率

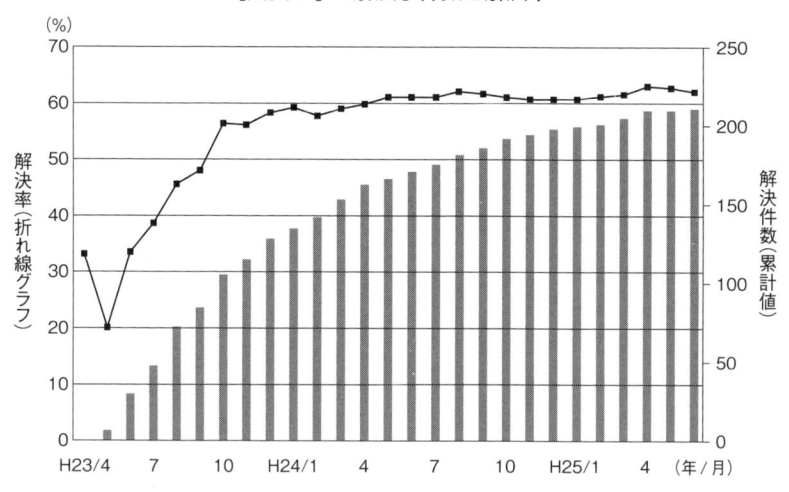

	23年4月	5月	6月	7月	8月	9月	10月	11月	12月	24年1月	2月	3月
解決率(%)	33	20	34	39	46	48	56	56	58	59	58	59
解決件数	1	7	31	49	73	85	106	116	129	135	142	154
応諾件数	3	35	92	126	160	177	188	207	221	228	246	261

	24年4月	5月	6月	7月	8月	9月	10月	11月	12月	25年1月	2月	3月
解決率(%)	60	61	61	61	62	62	61	61	61	61	61	62
解決件数	163	167	171	176	182	186	192	194	198	200	201	205
応諾件数	273	273	279	287	293	302	313	318	324	327	328	333

	25年4月	5月	6月
解決率(%)	63	63	62
解決件数	210	210	211
応諾件数	333	334	340

	一般ADR通算	一般ADR(25年)	一般ADR(24年)	一般ADR(23年)
解決率(%)	65	33	61	74
解決件数	87	3	34	50
応諾件数	133	9	56	68

第1章 統計と分析

5　審理期間・回数

　期間全体を通じて申立てから2カ月半程度で終了（和解解決あるいは不成立による終了等）しており，一般ADRと比較して短い。また，東日本大震災当初ほど解決までの期間が短いという傾向がみられた。

　期日回数についても，解決までの期間同様に東日本大震災当初ほど回数が少ない傾向がみられ，特筆すべきことは，第1回期日での和解解決が27％程度あり，一般ADRに比して2倍を大きく超えているという点である。震災ADRでは賃貸借関係の紛争が多く，賃貸借紛争は当事者としても迅速解決を求める事件類型であるということがその原因の1つとして挙げられる。期間全体を通じても3回弱と少ない回数で解決することができており，申立てから解決までの期間・期日回数いずれの観点からも非常に迅速な解決がはかられていることが分かる。

　震災ADRにおいては，申立人および相手方ともに被災者であり，「ともに被災者である」という感覚の共有が，互譲を引き出し，短期間での和解解決に導いているのではないかと考えられる（【図表5】参照）。

6　解決金額

　解決した事件の価額については，30万円以下のものが約52％を占めていた。30万円を超え100万円以下の事件まで含めると約83％にのぼっており，少額事件が圧倒的に多いことが分かる。

　また，300万円を超える高額事件については立上げから半年経過後まで申立てがなかったが，その後徐々に申立てがなされた（【図表6】参照）。

【図表5】 審理期間と審理回数

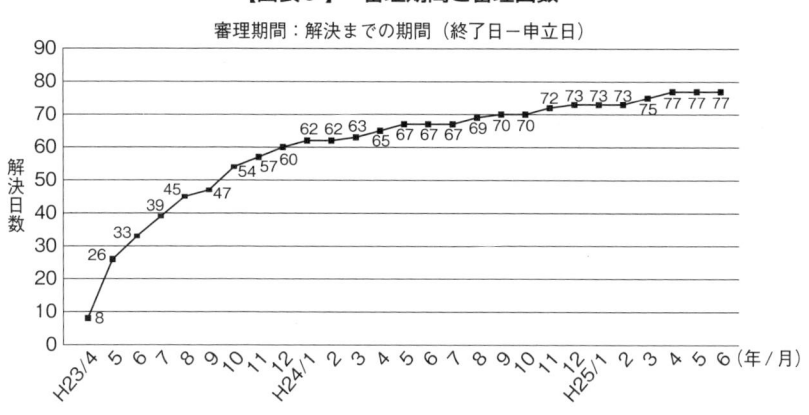

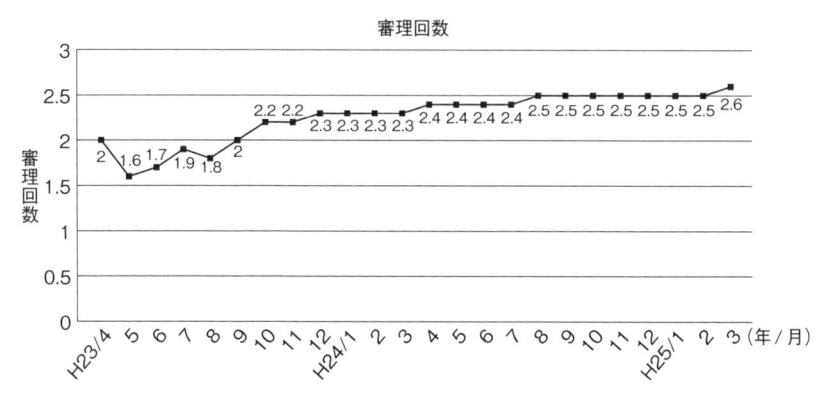

審理期間：解決までの期間（終了日－申立日）

（月別解決日数の推移：H23/4=8, 5=26, 6=33, 7=39, 8=45, 9=47, 10=54, 11=57, 12=60, H24/1=62, 2=62, 3=63, 4=65, 5=67, 6=67, 7=67, 8=69, 9=70, 10=70, 11=72, 12=73, H25/1=73, 2=73, 3=75, 4=77, 5=77, 6=77）

審理回数

（月別推移：H23/4=2, 5=1.6, 6=1.7, 7=1.9, 8=1.8, 9=2, 10=2.2, 11=2.2, 12=2.3, H24/1=2.3, 2=2.3, 3=2.3, 4=2.4, 5=2.4, 6=2.4, 7=2.4, 8=2.5, 9=2.5, 10=2.5, 11=2.5, 12=2.5, H25/1=2.5, 2=2.5, 3=2.6）

震災ADR

審理期間（申立日から終了日）

①	平均	76.5	日
②	最短	8	日
③	最長	355	日

審理回数

①	平均	2.5	回
②	最短	1	回
③	最長	10	回

一般ADR

審理期間（申立日から終了日）

①	平均	94.0	日
②	最短	13	日
③	最長	461	日

審理回数

①	平均	2.9	回
②	最短	1	回
②	最長	13	回

【図表６】 解決金額

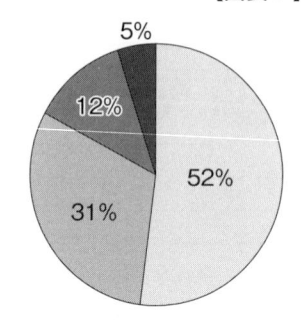

解決金額	23年4月	5月	6月	7月	8月	9月	10月	11月	12月	24年1月	2月	3月
30万円以下	0	2	17	29	47	53	68	73	80	83	87	91
30万円超100万円以下	1	5	12	18	22	27	31	35	37	38	40	45
100万円超300万円以下	0	0	2	2	4	5	6	6	9	11	12	14
300万円超	0	0	0	0	0	0	1	2	3	3	3	4

解決金額	24年4月	5月	6月	7月	8月	9月	10月	11月	12月	25年1月	2月	3月
30万円以下	94	95	95	97	99	99	103	104	105	106	106	107
30万円超100万円以下	49	50	53	53	56	59	60	61	62	63	63	64
100万円超300万円以下	16	17	17	19	19	19	20	20	21	21	22	24
300万円超	4	5	6	7	8	9	9	9	10	10	10	10

解決金額	25年4月	5月	6月
30万円以下	109	109	109
30万円超100万円以下	65	65	65
100万円超300万円以下	25	25	26
300万円超	11	11	11

7　代理人の有無

双方とも代理人の関与がない事件が約70％を占めており，一般ADRと比較すると非常に高かった（【図表7】参照）。

【図表7】　代理人の有無

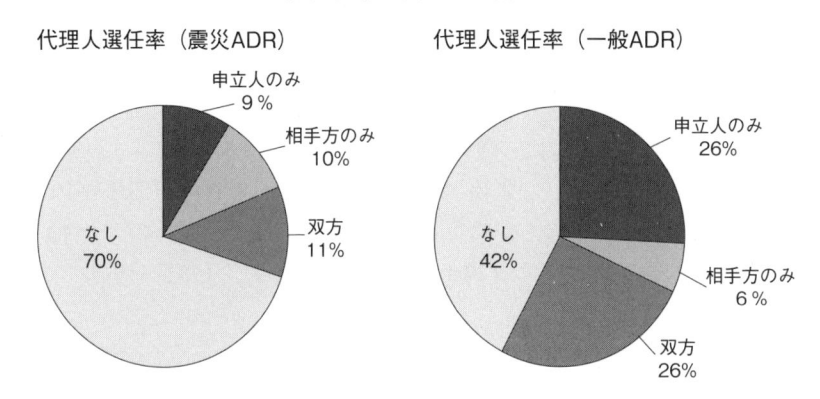

代理人選任率（震災ADR）
- なし 70％
- 申立人のみ 9％
- 相手方のみ 10％
- 双方 11％

代理人選任率（一般ADR）
- なし 42％
- 申立人のみ 26％
- 相手方のみ 6％
- 双方 26％

8　期日開催場所

現地において期日を開催した事件が29件，県内各地の法律相談センター支部等で期日を開催した事件が17件あり，一般ADRの場合と比較すると2倍以上の割合である（【図表8】参照）。

【図表8】　期日開催場所

	一般	震災
申立件数	195	499
支部センター開催事件数	0	17（※）
現地開催事件数	7	29
支部・現地開催割合（％）	4	9

（※）支部会員事務所で開催した事件1件，法テラス利用2件を含む

第2章 「2.5人称の視点」をめぐって ――臨床法学としてのADR[1]

仙台弁護士会紛争解決支援センター　前センター長
弁護士　**斉藤睦男**

1　2.5人称の視点に着目した理由

　2009年（平成21年）10月2日仙台において第13回全国仲裁センター全国連絡協議会が開催された[2]。この協議会は，全国の弁護士会ADR関係者をはじめADRに関心のある人たちが結集し，ADRに関するその時々のテーマについて協議するもので，各地の弁護士会が毎年持ち回りで日弁連ADRセンターと共催して行っている。

　この準備を約1年前から仙台弁護士会紛争解決支援センター（以下「仙台弁護士会ADRセンター」という）が始めた。協議会のテーマを決めるきっかけとなったのは，ノンフィクション作家・柳田邦男氏による朝日新聞紙上での連載記事だった[3]（2008年（平成20年）11月25・26・27日）。そこで柳田邦男

1　本稿は，拙稿「臨床法学への道～ADRからの展望～」（東北法学会会報第29号（平成23年6月1日発行）に掲載）の続編である。「臨床法学への道～ADRからの展望～」において「臨床法学の視点とテーマ」として次の4点をあげた。
　① 傾聴と言い換え
　② 2.5人称の視点
　③ マップラバーとマップヘイター（マップラバーとは地図や案内板などで全体を鳥瞰的に知りたがる人，マップヘイターとは自分との関係性だけで勘を働かせて目的地を探し当てる人のことを言う。福岡伸一『世界は分けてもわからない（講談社現代新書）』（講談社，2009年）88頁参照）。
　④ 適切な距離
　この4点は有機的に結びつきあっている。これらのつながりを対自化し，可能であれば総合し，臨床法学としてのADRについて一定の理論化を試みたいと考えてきたが，本稿では②の2.5人称の視点を軸にほかの3点との結びつきで見えてくることを示そうとするものである。未だ試論，私論の域を出ないが，将来の「総合」への踏み台として提供させていただく。
2　日本弁護士連合会がこの第13回全国仲裁センター連絡協議会の報告書を発行している。山田文京都大学法科大学院教授の指摘は同報告書63頁以下にある。

氏は「2.5人称の視点」の重要性について語っていた。調べていくと、柳田邦男氏は既に2000年（平成12年）6月9日付け朝日新聞で「2.5人称の視点」を語っていて、その年の7月には司法研修所で全国の地方裁判所の裁判長クラスの裁判官を対象に同じテーマで講演を行っていることもわかってきた。

「これだ」という直感が働いた。「質の向上が量の増大をもたらす」ということが仙台弁護士会ADRセンターの当初からの理念の1つだった。「2.5人称の視点」は、ADRおよび仲裁人の質を高めるにはどうしたらよいか？　という問題意識にうまく適合した。

「2.5人称の視点」を検討し議論していくうちに、この視点は、これまで対自化されてはいなかったものの、弁護士の事件に対する視点と近似性のあるむしろなじみの深いもので、ある程度熟練した弁護士ならみな無意識のうちに身に付けている視点であることに気づかされた。そうであれば、ふだん弁護士が事件とその依頼者にどういうスタンスをもって接して（ありていに言えば悪戦苦闘をして）いるのか、そこを前景化することで「2.5人称の視点」を内実化することができる。

さらには、ADRとは仲裁人が利害の対立する2人の事件依頼者（申立人と相手方）を同時に持つようなものではないか[4,5]。ADRの眼目は、対立する申立人と相手方のどちらにとっても最善の「解」を見出すことにあるのではないか。そのカギは、ふだん弁護士が事件の解決に向けて依頼者とどう信頼関

---

[3] 仙台弁護士会紛争解決支援センター初代センター長・小野寺信一弁護士の着眼による。
[4] ここで米原万里氏が生前に語った＜通訳とは「意味」を伝えること＞というフレーズが想起される（『言葉を育てる　米原万里対談集（ちくま文庫版）』79頁など（筑摩書房、2008年））。仲裁人が2人の依頼者を持つのと同じように、通訳者も2人の（ことばの交わらない）依頼者を持つ。2人の依頼者をつなぐのは「意味」なのだ。
[5] 「仲裁人が2人の依頼者を持つ」というADR観については、2つの方向からの批判がある。1つは「双方代理の禁止」の根底にある弁護士倫理に反することにならないか、公平性が保障されないのではないかという批判である。これは、後に述べる2.5人称の視点を再考する中で解ける問題だと思われる。もう1つは、当事者に代理人がついている場合に仲裁人にこのレトリックで臨まれると当事者に逃げ場がなくなるのではないか（山田文教授）というものである（前掲注2『第13回全国仲裁センター連絡協議会・報告書』65頁）。「仲裁人が2人の依頼者を持つ」というレトリックは、当事者のどちらにも代理人として弁護士がついていない場合を想定するものだが、それでは当事者の片方に代理人がついた場合、双方に代理人がついている場合、このレトリックはどう変容するのか、全く使えないのかは、ADRにおける代理人の役割論ともからむ1つの検討課題である。

係を構築しているかにある。ADRの質の向上のための「宝物」は実はわれわれの足元にあったのだ。

このような問題意識が「2.5人称の視点」へのアプローチを促した。

2 「2.5人称の視点」をめぐって

(1) 2.5人称の視点とは

拙稿「臨床法学への道〜ADRからの展望〜」で「2.5人称の視点」を紹介した部分を少し補足して再掲する。

「…ノンフィクション作家の柳田邦男氏が，航空機事故などで死亡した遺族と接するなかで，専門家に身に付けて欲しいと問題提起をしている視点がある。自分の死が1人称の死，家族など自分にとって大切な人の死が2人称の死，自分にも自分の大切な人にも関係ない死が3人称の死だとすると，航空機事故による旅客の死は，遺族にとり2人称の死でありその死を2人称の視点で見つめることになる。

事故調査の専門家（医師・技術者・弁護士ら）は専門知識に基づいてあくまでも事故を客観視して調査するだけである（3人称の視点）。他方で，遺族に寄り添い遺族が求めている「物語」をともに考える視点（2人称の視点）がある。専門家には3人称と2人称の中間にある（ないしは双方を兼ね備えた）客観的でかつ血の通った2.5人称の視点が必要なのではないか，という指摘である。

これはADRの調停人に必要な視点であり，かつ臨床法学の視点にもなる。…」

柳田邦男氏の説明はこのままの言い方ではなく，私なりの理解をもとにした「2.5人称の視点」の説明であるが，問題意識の所在はほぼ正確に伝えていると思う。

(2) 3人称の視点の再考

柳田氏が「2.5人称の視点」の必要性を呼びかけているのは，遺族（2人称の視点）に対してではなく専門家（3人称の視点）に対してである。専門家の視点における「2人称の不足」を指摘していることになる。

しかし，これに対しては，3人称の視点の重要性を見直しその反面における2.5人称の持つ危険性を意識する必要があるという指摘がなされている。山田文京都大学法科大学院教授の指摘[6]であり，私なりに要約するとこうな

る。

「法律家が3人称の視点をとってきたことにはそれなりに理由がある。法律家が権利義務のレベルで人と接しているということは，勝ったとしても負けたとしても，依頼者その人の人生の一番深いところには深入りしない，そこは当事者自身の尊厳に関わる一番辛いところなので，むしろ法律家は法律のレベルにとどまり，下手なアンサーなどはしない。それだからこそ3人称の視点をとる意味があるのである。

これに対し，2.5人称の視点をとるということは，紛争当事者のニーズという本音の部分に一歩踏み込むことになる。場合によっては当事者の一番辛いところに深入りするかも知れない。そこに踏み込みすぎると，その人の重荷を自分でも背負ってしまい，専門家が専門家として生きていけなくなる。また，たとえば訴訟において何らかの失敗があった場合には，当事者に対し権利義務のレベルよりも深い傷を負わせてしまうおそれがある。

2.5人称の視点をとることにはそれだけの覚悟が求められる。」

これは「2.5人称の視点」のもつ陥穽に対する鋭く正当な批判であり，3人称の視点の重要性を改めて示してくれる指摘である。ただし，のちに再再考したい。

(3) 2人称の視点の再考[7]

それでは，専門家にとって2人称の視点は有害無益か。クライアントに2人称の視点で接することで問題が独りでに解決することがあり得ることを戯画的に示している小説がある。作家・奥田英朗が描く精神科医師「伊良部一郎」を主人公とする連作短編小説である[8]。たとえば患者が毎日へとへとになるまでプールで泳がないと気が済まなくなるプール依存症になると（実はその原因は伊良部医師がつくったのだが），伊良部医師はその患者の水泳熱をもっと煽り，患者を唆して夜間に一緒に不法侵入するという暴走をしてまで泳いでプール熱をエスカレートさせる。すると，そういう伊良部の姿を見た患者

---

6 前掲注2『第13回全国仲裁センター連絡協議会・報告書』参照。
7 「2人称」というよりも「1人称」というべきかもしれないが，もともとがレトリックなので「2人称」ということばで説明することにする。
8 『イン・ザ・プール（文春文庫版）』（文藝春秋，2006年），『空中ブランコ（文春文庫版）』（文藝春秋，2008年）などがある。奥田英朗氏は後者で直木賞を受賞した。

が，伊良部医師に付き合っているのがもう馬鹿らしくなり，ある瞬間に，自分を悩ませていた問題から解放される（小説『イン・ザ・プール』より）。

「人のふり見てわがふり見直せ」とは昔から言われている格言である。もし，精神科医が，自分が患者以上にその人になりきって見せることを意図的な治療法として用いているとすれば，専門家にとっても2人称の視点が有効有益な場合があるということになる。しかし，作者が伊良部医師を戯画化して描き空中ブランコまでさせるのは，現実的にはあり得ないことだというのが前提になっている。

けれども，この物語で着目すべきなのは，伊良部医師がエキセントリックに接した患者が，自分の姿を鏡で見たかのように青ざめて熱が下がる瞬間である。患者自身が3人称の視点を獲得すると同時に治癒（問題の解決）がもたらされたのである。つまり，患者自身に3人称の視点を獲得させることが治療の本質であり，問題の解決の手段になる。このことは再度2.5人称の視点を考えるうえで重要である。

(4) 「2.5人称の視点」の再考

まず，次の点を押さえておきたい。「2.5人称の視点」というと，「2人称の視点」と「3人称の視点」との「中間点」ないし「混合点」のように無意識に思ってしまう。私も，「2.5」というレトリックの絶妙さから，何となくそう考えていた。しかし，もともと柳田氏が「2.5人称の視点」の必要性を説いたのは，遺族（2人称の視点）に対してではなく専門家（3人称の視点）に対してであった。専門家に対し「3人称の視点」を捨てろといっているのではない。もし専門家が「3人称の視点」を捨ててしまえば，山田文教授がいうとおりもはや専門家ではなくなってしまう。そうではなく，専門家にも「2人称の視点」もあわせ持ってほしい，専門家は遺族と全く同じような「2人称の視点」を持つことはできないが，遺族の視点に近いせめて「2.5人称の視点」もあわせ持ってほしい，ということだ。つまり，「中間点」や「混合点」なのではなく「2つの視点を併せ持つ」というものとして「2.5人称の視点」がある。

「2つの視点を併せ持つ」ことにはさらに2つの意味があると思う。

1つは，目的と手段，光源とスクリーンの関係である。専門家は「3人称の視点」から事故・事件に向き合い客観的な事故の原因と発生機序を解明し

ていかなければならない。しかし，それと同時に，何のために・誰のために事故を調査し解析するのかを考えていかなければならない。遺族の「なぜ，こんな事故で，自分の最愛の人を失わなければならなかったのか…」という思いに応えていかなければならない。応えると言っても3人称の客観的で正確な視点で事故原因と発生機序の姿かたちをスクリーンに映し出すことが専門家にできることのすべてであるが，何のために，誰のためにという光源部分に2人称の視点が横たわっている。

　もう1つは，視点の交互往復の意味である。専門家は3人称の視点を基本にするが，ある場合には，遺族に寄り添った2人称の視点でものを観ることで事件の奥底にあるものに光を当てることが可能になることもある。それが相応しければ2人称の視点に立ち，やがて3人称の視点にフィードバックする，というように2つの視点を交互に使うことになる。

　2人称の視点のバックボーンを持った3人称の視点，あるいは3人称の視点と2人称の視点を交互に往復することが，2.5人称の視点といえるのではないだろうか。

(5) 物語narrativeと2.5人称の視点

　「…なぜ私の恋人が死んだのかというときに，自然科学は完全に説明ができます。「あれは頭蓋骨の損傷ですね」とかなんとかいって，それで終わりになる。しかし，その人はそんなことではなくて，私の恋人がなぜ私の目の前で死んだのか，それを聞きたいのです。それに対しては物語をつくるより仕方がない。つまり腹におさまるようにどう物語るか。…」

　これは臨床心理学を提唱した河合隼雄氏の講演のなかのことばである[9]。

　専門家自身はこの「物語narrative」をつくることができない。つくるのは遺族らである。しかし，専門家が事故原因や死因について解明した客観的な事実を余すところなく提示し，疑問点があればそれも隠さず誤魔化さずに提示すること，誰よりも遺族らのために提示すること，それがあって初めて遺族らは「腹におさまる物語narrative」をつくれるようになるのではないだろうか。「腹におさまる物語narrative」こそ2人称の視点が完結した姿である。

9　河合隼雄ほか『河合隼雄　その多様な世界』（岩波書店，1992年）53頁。

「物語」の獲得による当事者の納得と3人称の視点はどう関係するのであろうか。3人称の視点による客観的な事実解明がなければ（未確認情報だけでは）「物語」ができない。伊良部医師の2人称の視点が患者自身に3人称の視点の獲得を促したのとはちょうど反対のベクトルの方向で、ここでは「3人称の視点」による情報開示が「2人称の視点」の完結型である「物語」をもたらす。さらに、自分の納得できる「物語」がつくれたことで、当事者自身は初めて客観的な事実をありのままに受け入れることができるようになるのではないだろうか。ことは再び反転し、「物語」の獲得＝「2人称の視点」が「3人称の視点」をもたらすのである。

「2人称の視点のバックボーンを持った3人称の視点、あるいは3人称の視点と2人称の視点を交互に往復することが、2.5人称の視点といえるのではないだろうか」と先ほど指摘したが、3人称の視点→「物語narrative」の獲得＝2人称の視点→3人称の視点の獲得という視点の変化は、2.5人称の視点を考えるうえで興味深いものといえよう。

こう考えてくると、山田文教授の前記の指摘の半分は違うことになる。2.5人称の視点は「中間点」ではなく「2つの視点を併せ持つ」ことだからである。

3　依頼者との適切な距離

(1)　なぜ「距離」が問題になるのか

問題は「相談者や依頼者との適切な距離」にある。中途半端な距離ではなく、固定した距離でもない適切な距離とは何か。ここを失敗すると、山田文教授の前記の指摘のとおり専門家が専門家ではなくなってしまう危険がある。逆に、柳田邦男氏が指摘しているとおり血の通わない（遺族が「物語narrative」を作れない）事故調査報告書ができてしまう。

これはよく言われていることではあるが、主体と客体とを分けるデカルトの二元論的考察が医学をはじめ自然科学の飛躍的発達をもたらした。観察する主体と観察される客体を明確に区分することで科学上の法則や原理が発見され、人間の身体や臓器も1つの客観的な「物」や「パーツ」として観察することで、病理が解明され、手術方法や治療方法が格段に進歩し臓器移植まで行われるようになった。まさに3人称の視点のなせるわざである。それと同じ考え方が人間と自然との関係にも及んだ。自然は人間による支配と征服

の対象となりで，大地や海や空気や森や生物が破壊され汚されてきた。けれども，「宇宙船地球号」（フラー）という考え方が登場し，1972年には「成長の限界」（ローマ・クラブ）が言われ，アメリカ（スリーマイル島）と旧ソ連（チェルノブイリ）での2つの巨大原発事故を経て，1992年のリオ地球サミットでは「持続可能な発展」ということが言われるようになった。「自然の循環」「生態系」「共生」「将来世代」がキー・ワードとなった。いわば3人称の視点の限界が意識され新たなスキームが求められているのである。

　二元論を克服する新しい思考方法として1960年代に立ち現れた構造主義が参考になると思われる[10]。たとえばソシュールの言語論（あくまでも私なりの理解による）では，ことばは「ものの名前」ではない。客体としての「もの」があってそれに主体としての人間が「名前」を与えるのではなく，人が「ことば」を持つことではじめて「もの」に意味が付与されて性質をもった「もの」が存在するようになる，と説かれる。riceという単語しかもたない英米人には，「稲」や「米」や「ご飯」が，それぞれ別の意味と性質を持つ異なる存在にはなりにくい。

　引き続き私なりの構造主義の理解でいうと，対象となる「もの」のみならず自分をも含むさまざまな関係性（ネットワーク）の中に自分特有のポジションがあり，そののちに「もの」の意味や性質が決定される。主体と客体とは切り離されたものではなく，1つの関係性のなかに置かれている。自分が対象に働きかけることとそのリアクションとで，自分と相手を包摂する関係性はその都度変化していく，変化することで対象の意味も変化する。

　「関係性」がキー・ワードとなる。構造主義的にみると「距離」とは自分も含めて「変動する関係性」の在り方の問題だということになる。

---

[10] 内田樹『寝ながら学べる構造主義（文春新書）』（文藝春秋，2002年）がわかりやすい。この本で著者は，「構造主義というのは，ひとことで言ってしまえば」として，「私たちは自分が思っているほど，自由に，あるいは主体的にものを見ているわけではない。むしろ私たちは，ほとんどの場合，自分の属する社会集団が受け入れたものだけを選択的に「見せられ」「感じさせられ」「考えさせられている」。そして自分の属する社会集団が無意識的に排除してしまったものは，そもそも私たちの視野に入ることがなく，それゆえ，私たちの感受性に触れることも，私たちの思索の主題となることもない。」「（そのような）事実を徹底的に掘り下げたことが構造主義という方法の功績なのです。」と記している（同書2.5頁）。

(2) 河合隼雄氏の設例

　適切な距離（変動する「関係性」）を考えるための設例を河合隼雄氏が示している。弁護士の仕事の場面に置きなおすと，父親に反発して家出をして窃盗を行い捕まった少年がいるとする。弁護士が少年事件の付添人となり少年を鑑別所に訪ねる。少年は自分がどんなに父親から虐待を受けていたかを語る。聞き終えたとき，弁護士であるあなたは少年に何と言うだろうか。次の5つの答えの中から選びなさい，というものである。

　　1　「それで，お父さんはどんな職業？」
　　2　「大変なお父さんだけど，お母さんはどうだったの？」
　　3　「ずいぶん辛かったね」
　　4　「悪いお父さんだね」
　　5　「そんなお父さんなら，君が非行に走るのも当然と思うよ」

　河合隼雄氏の解説は本[11]に譲り，ここでは，この設例のままに距離と関係性についてもう少し考えてみたい。4の答えと5の答えに特徴的なのは，父親や少年の非行を「評価」している点である。一見相手の視点を取り込む「2人称の視点」に近いようだが，「評価をする立場」に自分が立っていて，関係性は切断されて固定している（河合隼雄氏の解説はこれとは違う）。これに対し1の答えと2の答えは「事実」を聞こうとしている。しかし，弁護士と少年との関係性を測る質問ではなく，関係性の外に向けられた質問であるから，「距離」は同じままである。3の答えはどうか。「ずいぶん辛かったね」ということばは，自分の感想でもあり相手の気持ちを言い表すものでもある。つまり2つの視点が重なっていることばだ。このことばで，弁護士と少年の関係性が築かれるとともに，築かれた瞬間に関係性が動く。そのことばを発したことで相手に意味（影響）を与えるとともに，意味（影響）を与えた相手の存在がたちどころに自分の意味（存在）を変化させ，次の関係性を生んでいく。

　「ずいぶん辛かったね」ということばは，適切な距離と関係性を築く実に絶妙なことばだったのである。

---

[11] 河合隼雄・鷲田清一『臨床とことば（朝日文庫）』（朝日新聞出版，2010年）21頁。

4 言い換える

　河合隼雄氏の設例は，適切な距離と関係性は最初から存在しているものではなく，そのときその場で相手に何をどう話すか，そのことばによってつくられることを示している。「ずいぶん辛かったね」ということばは，そのときその場で少年が語ったことをサマライズ（要約）したことばでもある。そこで「言い換え」について再び考えてみたい。

(1) 言い換えの段階

　言い換えの段階には次のようなものがある[12]。

　【パラフレイジング】　当事者が語った内容を，意味は変えずに，客観的な表現に言い換える。

　【リフレイミング】　当事者が語った内容を，意味は変えずに，仲裁人の理解を込めて別の肯定的ないしポジティブな表現に言い換える。

　【サマライジング】　当事者の発言のポイントを，仲裁人が要約して伝える。

　ただし，2つ留意点がある。1つは，これらは技法のレベルの高低を示すものではないことである。状況によっては言い換えのない単純な【反復】が一番適切な対応である場合もあり，【反復】の究極として，沈黙に対して沈黙で応答することもありえる。もう1つの留意点は，実際の応答の場面でこの3つは必ずしも明確に分けられるものではなく，混交したり並立したりする，ということである。3つの段階のうちどれかを特定することは余り意味がないことで，大事なのは「言い換え」の持つ効果である。

(2) 言い換えの効果と2.5人称の視点

　前稿において「言い換え」の効果を概念的に示したが，その際には2.5人称の視点との結びつきまで考察が及んでいなかった。改めて，2.5人称の視点との関連で「言い換え」の効果について考察してみる。

　弁護士は，依頼者から事情を聴き取る過程で，権利義務の発生・変更・消滅に直結する要件事実に当たる直接事実のみならず，間接事実やその周縁の事情に当たる事実も聴き取っている。依頼者には胸襟を開いてもらい自分に

---

[12] レビン小林久子『調停への誘い』（日本加除出版，2004年）61頁。ただし筆者の理解を込めた表現にしている。

不利と思えるような話したくない事実でもすべて話してもらうのが理想である。その理想に近づくため，事件の現場に赴いて依頼者から話を聴いたりもする。依頼者と同じ風景を見ることで依頼者の説明に明瞭な輪郭線が描かれる。

　また，依頼者が予想外のことを述べれば，なぜこの人はこんなことを言うのだろうか，と考えたりもする。これらは2人称の視点によるアクセスである（伊良部医師のようにある意味で完璧な（過剰な）2人称の視点は持ちえないのであるから，2人称に近い，という意味合いのものである）。

　他方で，弁護士は，訴訟等の法的解決の要となる要件事実は何か，それを推認させる間接事実は何か，証明方法はあるかという客観的な視点で物事を考察している。3人称の視点である。

　この2人称の視点と3人称の視点とが交錯するのが「言い換え」である。レビン小林久子九州大学法科大学院教授の設例に次のようなものがある。
　　…「私は妻にも子供にも無視され，白い目で見られ，自分の家にいながら，まるで他人扱い。弁護士さん，私がどんな思いをしているかわかりますか。」
　　⇒言い換え「あなたは家庭内で孤立して寂しい思いをしておられたのですね。」…

この言い換えがパラフレイジングなのかリフレイミングなのかはさておき，「客観的な視点」と「寄り添う姿勢」の両方がなければ生まれない言い方である。「言い換え」に2.5人称の視点が結実しているのである。また，ここには依頼者との「適切な距離」が見てとれる。

　発言者本人がこの言い換えを聞けば，「あー，そうだったんだ。俺は孤立して寂しい想いをしていたんだ」と第三者の目に映る自分の姿を知り，当事者自身が第三者の視点を獲得することになる。自己対象化ができれば，その反面としていずれは相手方を客観的に見られるようになる。完全に客観的に見ることは困難であるから，2.5人称の視点の回復といってよいかもしれない[13]。

　「言い換え」というのはカウンセリングの技法として始まったものだと思うが，弁護士と依頼者との「適切な距離」をもたらし，さらには紛争解決のツールにもなるのである[14,15]。

(3) 構造主義的理解

「言い換え」の効果を構造主義の観点からみると次のようになる。ここでは「星々」「星座」「神話」のアナロジーを使う。

まず，当事者の語る話は夜空に広がる「星々」である。それだけでは意味も性質も関連性もわからず，星がただ天空に散らばり広がっているだけである。しかし，聞いた弁護士が話のある部分を言い換える。すると，いくつかの星と星がつながって1つの「星座」が見えてくる。構造主義的に言えば，ことばが意味を与えたのである。当事者は自分の状況や考えに輪郭が与えられ自分を可視化（前景化）できるようになる。自己対象化が生じる。相対化された自己が見えるようになると，「2人称の視点だけの見方」とのズレに気づく。そのズレが自分の先入観を揺することになり，状況の再認識・再構築ができるようになる，と言えるのではないだろうか。

さらに，「星座」（たとえば，わし座のアルタイルと）と「星座」（こと座のベガ）とが関係づけられて1つの「神話」が生まれる。それが，当事者が紡ぎだす「物語」に当たるのではないだろうか。

---

13 村上春樹氏は地下鉄サリン事件の被害者や遺族の聴き取りを行い『アンダーグラウンド（講談社文庫版）』（講談社，1999年）を発刊したが，実際に語られた言い方（いわば2人称の視点）をそのままではなく，一般読者（いわば3人称の視点）が「すらすらと興味を持って読める文章にするために，徹底的に手を入れました。語られた内容は寸分も変更することなく文章を入れ替えたり，これを削って，ここは別のところから持ってきて膨らませて，という緻密なモンタージュの作業」をして作り上げた。その原稿を話者に確認してもらうと多くの場合「ああ，全部わたしが喋った通りです。これでかまいません。」という答えがすぐに返ってきたという（村上春樹『夢を見るために毎朝僕は目覚めるのです　村上春樹インタビュー集1997-2011（文春文庫版）』（文藝春秋，2012年）491頁）。

14 紛争解決における言い換えの役割を考えるとき，別席（交互）調停ではなく，相手方当事者もいる前で調停人が言い換えを行うことが理想的でありかつ最大の効果を発揮すると考えられる。この点はさらに検討していく必要がある。

15 言い換えについても山田文教授の次の鋭いコメントがある。「仲裁人の理解をこめるとき，あるいは要約をするとき，『仲裁人の紛争解釈』が入る可能性があり，それにより『誘導』が生じクライアントの『意思』が見落とされる危険がある。」（前掲『第13回全国仲裁センター連絡協議会・報告書』64頁）本稿第5項のアナロジーでいえば弁護士が「星座」をつくる際に大事な「星」を落としてしまい，当事者の真意とは異なる「星座」で話を進めて行ってしまう危険性である。

5 おわりに（課題）

 以上で，前稿拙稿「臨床法学への道～ADRからの展望～」で臨床法学の視点ないしテーマとして掲げた①傾聴と言い換え，②2.5人称の視点，④適切な距離が，相互に密接に関連し合うことについて不十分ながらも整理とまとめができたのではないかと思う。サマライズすると，2.5人称の視点は法律専門家である弁護士にとって重要な視点であり，2人称と3人称の2つの視点を併せ持つ視点であること，それは端的に「言い換え」に結実すること，「言い換え」が当事者との適切な距離をもたらし，かつ当事者自身が2.5人称ないし3人称の視点を獲得していくきっかけとなるということである。

 残すは，③マップラバーとマップヘイター（背景にあるのは動的平衡論[16]）と2.5人称の視点との関連性である。この点については，平成24年8月の司法修習生と若手のADR委員に対する「ADR塾」の講義の中で，ロバート・キャパの写真やフェルメールの絵を示しながら私論を試みたが，聴講者のほぼ全員から「わからなかった」という感想をいただいた。まだ，動的平衡論が臨床法学としてのADRを解明する理論的な鍵になるということは，筆者の直感にとどまっていて，それこそ可視化できていないためである。

 もっとも，「生命は存続し続ける（安定する）ために，たえず変化する（循環する）」という動的平衡の考え方は，因果律を一旦取り払って共時性[17]を重視する考え方と親和性を持つ，ということまでは指摘できるように思う。伝統的な法的思考においては，事実の歴史的変化，すなわち原因と結果の関係

---

[16] 福岡伸一『動的平衡』（木楽舎，2009年）『動的平衡2』（木楽舎，2011年）などに詳しい。ちなみに，『動的平衡2』のあとがきで，福岡伸一氏は量子論の可能性に触れて「少なくともミクロな世界では宿命や運命はありません。因果律も決定論もないのです。そこにあるのは共時的な多義性だけです。」と述べ，さらに，「私は人生についても同じように考えています。どうしようもないこと，思うようにはいかないこと，取り返しがつかないこと。人生にはさまざまな出来事があります。／しかし，それは因果的に起こったわけでもなく，予め決定されていたことでもない。共時的で多義的な現象がたまたまそのように見えているにすぎません。」と述べている。これは，「共時性」の視座に極めて近接している。

[17] 共時性は，ユング心理学におけるシンクロニシティの訳語の1つであり，非因果的な複数の事象（出来事）の生起を決定するものに目を向けようとする。通時性の対語であり，通時性が対象の歴史的変化に注目するのに対して，共時性は同一の時における変化や差異に注目する。

(因果性)を重視する。これに対し，臨床法学においては，同時に存在するもの同士の関係性，ないしは「意味のある偶然性」に目を向ける。全く別々に起こったように見える出来事も，当事者にとっては大きな意味でつながっているように思えることがある。そこを起点に，それまでの固定した関係性の呪縛から解放されて，関係性を自由に作り変えていくために，ADRと臨床法学があるのではないだろうか。この先は，今後の検討課題としたい。

第3章 提　言

仙台弁護士会プレシンポジウム準備運営プロジェクトチーム

＊この「提言」は，平成24年6月2日に行われた日弁連第25回司法シンポジウム・プレシンポジウム「震災ADR－検証と提言－」にて配付された資料である。

（提言の趣旨）
第1　1日でも早く震災ADRを立ち上げよう
　大災害時には，膨大な数の法律相談需要，ひいては法的紛争解決の需要が生ずる。紛争は震災直後から発生し，早期解決の必要性が高いものが多数を占める。
　震災ADRは被災者支援の要となることから，各弁護士会は，弁護士の知識・経験及び弁護士会ADRの特性を生かし，大災害発生後可能な限り早期に震災ADRを開設し，無料法律相談と並ぶ車の両輪として被災者支援に取り組もう。
　そのために，ADR制度を有している各弁護士会は，災害対応マニュアルの一環として，震災ADRの実施要領等を平時のときから予め準備しておくことが求められる。
第2　震災ADRのバックアップ体制を確立しよう
　震災ADR実施には財政的基盤が必要不可欠である。いざというときに被災地弁護士会が実施を躊躇しないように，日頃から各弁護士会ADR同士の連携を密にして非常時の技術的支援体制を確認するとともに，日本弁護士連合会（以下「日弁連」という。）内に災害対策関連の支出を可能とする基金のような仕組みを構築していくことが望ましい。
　また，日本司法支援センター等の公的支援を受けられるような法整備を日弁連が働きかけることも検討されるべきである。
第3　全国にADR運動を普及させよう

今回の震災ADRの取り組みの結果，従来の弁護士会ADRの利用をはるかに上回る多数の利用が見られたことは，ADR制度のさらなる普及の潜在的可能性を示している。
　今後，大災害時に早急に震災ADRを立ち上げるうえで各弁護士会に活力のあるADRが平時においても存在することが必須の条件となる。ADR制度をより一層社会的に定着させるため，全国のすべての弁護士会にADR制度を設置し，利用者のための制度改革を図るとともに，仲裁・和解あっせんの技術を向上させていくことが急務である。

(提言理由)
第1　1日でも早く震災ADRを立ち上げよう
　1　震災時における無料法律相談と震災ADR
　平成23年3月11日，激烈な地震とこれに相次いで大津波が東北地方を襲ったことにより，宮城県内にも甚大な被害が発生した。
　仙台弁護士会は，3月23日からフリーダイアルによる無料電話相談を始めたことを皮切りに，日本司法支援センターや日弁連等の支援を得て県内各地の避難所や拠点等での面談による無料法律相談も開始した。相談実施には大きな反響があり，特に4月頃のピーク時には最大8回線の電話が鳴り止まない日々が続き，相談数は4月に約5700件，5月に約4400件と，約2か月の5月末までで電話・面談を併せて1万件を超えることとなった(ちなみに相談数はこれ以降徐々に減少し，3月末までの1年間では約1万8000件)。
　これと並行して，当会では阪神淡路大震災の際，近畿弁護士会連合会・罹災都市臨時示談斡旋仲裁センターが設立された先例(震災3か月後の開始)にならい，3月下旬から震災ADRの実施を検討し始め，実際には4月21日から開催が実現した。その結果，震災ADR申立は，相談数の後を追うように，5月に83件，6月に80件という最も多い件数を記録することとなった。
　このように，大規模震災時には，相談を受ける弁護士会側の受入体制次第で極めて多数の法律相談が寄せられること，また，相談後の紛争解決の受け皿としての震災ADRの需要が相談数に比例して高まることが明らかとなった。このことから，今や，無料法律相談と震災ADRは，弁護士会が大規模災害時に被災者支援のために行いうる活動の車の両輪ともいうべきである。

2　弁護士会が震災ADRを行うべきであること

今回の東日本大震災は、過去に例を見ない未曾有の大災害であり、これに起因する紛争の多くは、適確な「損害の公平な分担」を早期に実現するうえで、先例に依拠することがままならず、新たな判例の集積を待つ余裕もなく、非常に判断の困難なものである。また、両当事者ともに多かれ少なかれ災害の被災者であるというケースが大半である。従って、もともと今回のような大災害においては、訴訟よりも話し合いによる早期解決になじむ案件が多いことが特徴であるといいうる。

また、被災者の中には、交通機関の断絶や経済的事情等によって、移動や特定弁護士への相談・委任も困難で、紛争解決にあたって煩雑な手続を踏むことには躊躇を覚える方が多数いたことも容易に想像できるところである。

一方、弁護士は、もともと法律の専門家であるとともに紛争解決のプロでもあり、また震災時には法律相談を通じて被災現場の最前線に立つことにもなる。従って、そのように法的紛争解決のノウハウ及び現場の実情の双方を知る弁護士自身が紛争解決手続に積極的に関与することが、紛争の早期円満解決にとって極めて有効であるのは疑いがない。

また、本来弁護士会ADRは、「親切・円満・スピーディ」という当会ADRのキャッチフレーズが端的に示すように、手続の柔軟性や機動性・迅速性の面で民事調停等と比較して優位に立ちうる性格を有していた。当会の震災ADRは、このような弁護士会ADRが本来持っている特長を生かして、申立サポート制度（後述）の創設や現地調停の積極的活用という運用を加え、申立件数を伸ばす結果となった。申立手数料免除、震災対応総合窓口開設等の措置を講じながら特段件数の伸びを示さなかった簡裁の民事調停と比較しても、その差は顕著である。

今回の震災ADRは、このような弁護士及び弁護士会ADRの特性を十分に生かし、被災者同士の相互理解と協力関係を基本とした紛争解決を多数行うことができたと考えているところである。

従って、今回の大震災のような非常時における紛争解決手段として、弁護士会ADRは極めて重要な社会的役割を果たしうる能力を有しており、かつ積極的にそのような役割を果たすべきである。

3 できるだけ早期に立ち上げるべきであること

　前述の通り，仙台会で無料法律相談を開始してから震災ADRを始めるまで約1か月が経過している。申し立てられた案件の多くが賃貸借，相隣関係，雇用など震災直後から紛争が発生しているケースであったことからすれば，この1か月間にもかなりの数の潜在的紛争が存在していたことは明らかであり，そのうちの相当割合の被災者は力関係などの事情から泣き寝入りを強いられたことも容易に想像できる。

　阪神淡路大震災の前例に学んで，震災後3か月から約40日へと立ち上げ期間は短縮されており，大幅な前進ということはできるものの，仮に非常時のADR実施要領があらかじめ決められていれば，少なくとも無料法律相談開始と同時にすなわち約1か月早く震災ADRをスタートさせることができ，さらに多数の紛争解決に寄与できていたことになる。

　ちなみに，前述の通り，本来費用面では弁護士会ADRよりも優位に立ち，かつ震災後申立手数料免除（平成23年6月1日から）や総合窓口を設置（同10月から）しながら民事調停の件数が伸びなかったことは，実施にあたって法的手当が必要と思われるためやむを得ないとはいえ，その実施時期が遅れたことも影響していると思われる。

　震災ADR制度はスピードが命である。従って，今回の教訓を踏まえ，今後日本全国いつどこで起こるかわからない大震災に備え，ADR制度を有している各弁護士会は，災害対応マニュアルの一環として，震災ADRの実施要領をあらかじめ制定しておくことが望ましいと考える。

第2　震災ADRのバックアップ体制を確立しよう

1　弁護士会ADRのネットワーク

　震災ADR実施にあたって，利用者の負担を最小限に抑えようとすれば，実施単位会にとって多額の財政的負担が発生することは避けられない。仙台弁護士会が実施に踏み切れたのも，震災直後より各弁護士会から寄せられた多額の義援金という後押しがあったからにほかならない。

　また，そもそも震災後の混乱の中，震災ADRを実施しようと考えられたのも阪神淡路大震災の際の先例に学んでのことであるし，また，東京弁護士会から派遣していただいた事務職員各位から，事務処理に関して多大なご指導と貢献も受けている。このように，他会からの精神的・技術的な支援にも

多大なものがあった。

　従って，今後不幸にして他の地域で大災害が発生した場合，仙台弁護士会が可能な限り経済的・技術的支援を惜しまないことは当然であるが，重要なことは，日頃から弁護士会ADR担当委員会同士が日弁連ADRセンター等を通じて連絡を密にし，今後，被災地弁護士会がいざという時に実施を躊躇しないよう非常時のバックアップ体制を確認しておくことである。

　2　日弁連の財政的バックアップ

　前述の通り，大震災時において弁護士会が法律実務家の団体としてできる被災者支援のための活動の両輪が無料法律相談と震災ADRであるという認識の上に立つならば，少なくとも財政的負担を単位会まかせにすべきではなく，日弁連が震災ADR実施に必要な資金を早急に支出するような仕組みを構築していくべきものと考える。

　ちなみに，平成24年5月，日弁連災害復興支援基金より，震災ADRの平成23年赤字分の補填として約1100万円が当会に支援されており，このこと自体には多大な感謝を申し上げるものである。しかしながら，実施1年を経過した後の事後的な支給であったこと，また補填が当会のADR会計本体に限られ，人件費（当会では一般会計から支出されており，震災ADR実施に伴う職員増員により約800万円が計上される）に及ばなかったことより，今後非常時に震災ADR開設を検討する会にとってはまだ実施を躊躇する可能性がある内容となっている。

　従って，今回の件を踏まえ，今後はより早期かつ確実に震災ADRの運営資金が補助されるべく，あらかじめルール作りに着手すべきと思われる。

　3　公的支援の拡充

　阪神淡路大震災の際には，当時の財団法人法律扶助協会において，代理人の弁護士費用のみならず，代理人が居ない場合であっても鑑定費用・成立手数料までが立替の対象となるという画期的運用がなされた。しかしながら今回日本司法支援センター（法テラス）からは，総合法律支援法に支出を行う根拠がないことを理由に，そのような運用を行うことはできない旨の示唆を受けたため，公的支援を受けることを断念せざるを得なかった。

　弁護士会ADRの紛争解決手段としての社会的認知度を増加させていくことにより，少なくとも今回のような非常時にはこのような費用についても立

替払が受けられるよう法律改正を働きかけていくことが今後の課題であろう。

なお，本年4月から施行されている「東日本大震災被災者援助特例法（震災特例法）」によって，震災起因事件についてADR手続の代理援助が認められることとなり，代理人の着手金・報酬のほか，実費として申立手数料（上限2万円）の立替払いが法テラスから行われることとなった（その他一般規定として鑑定費用の立替払いの規定がある）。しかしながら，このような扱いは代理援助を申し込んで代理人を立てた場合に限られること，及び立替払いの対象が成立手数料には及ばないことから，まだ不十分なものと言わざるを得ない。

第3 全国にADR運動を普及させよう

1 仙台弁護士会震災ADRが残したもの

当会は，平成18年4月に「紛争解決支援センター」を開設し，以来年間100件前後のADR申立を受理してきた。ところが，平成23年度には一気に400件近くの震災ADR申立を受けることとなった（そのほかに，一般ADRもほぼ例年に近い申立件数を維持した）。

そのように件数が爆発的に増加した要因としては，

① 大量の無料法律相談が申立に直結したこと
② 手数料の低額化
③ 申立サポート制度導入による申立手続の簡易化

などを指摘することができる。

特に③は，サポート要員の弁護士が多くは電話で申立人の言い分を聞き取って実質的に申立書作成を代行する仕組みである。

もともと，交通機関断絶や，電話で法律相談を受けた人が多いという異常事態に配慮して，電話での簡易な申立を認める特例として始めたことであったが，申立に際して生ずる心理的障壁を著しく下げる効果を発揮したことが明らかであり，今後一般事件の申立増を図るために，一般ADRへの拡大導入も検討されてよい。

いずれにせよ，上記のような状況は，条件次第では従前よりもはるかに申立件数を増加させることが可能であることを示唆するものであり，ADR制度のより一層の社会的定着へ向けて，潜在的可能性を示すものといいうるで

あろう。

　平成24年3月，全国のADR実務に携わる関係者の懇談会が行われた際，ある弁護士から「東北ではおじいちゃんおばあちゃんでもADRという言葉を知っているそうだ」というお言葉をいただいた。もちろん相当程度の誇張ないし社交辞令を含む言葉であるし，たとえそうだとしてもその知名度はいわゆる原発ADRによるところが大きいものと思われるが，当会も震災ADRの広報活動や運営，及びこれを取り上げていただいた報道機関各位のご協力を通じて多少の貢献はできたものと自負するところである。

2　すべての弁護士会でのADR設置をめざそう

　現在全国52の弁護士会中，22会に未だADRが設置されていないのが現状である。

　今日，「弁護士会に行けば弁護士に法律相談ができる」という認識は，ほぼ社会的に定着していると思われる。しかしながら，「弁護士会に行けば法律的なトラブルを解決してもらえる」というところまではまだまだ程遠いと言わざるを得ないのではないか。

　弁護士会ADRが大災害時に重要な機能を果たしうることは前述したとおりであり，この意味で全国のすべての弁護士会にADR制度が設置されていることが望ましいことは明らかである。

　金融ADR制度の法定化など，社会的にADRが認知されてきている今日，その社会的意義をより一層定着させるためにも，弁護士会の果たすべき役割は大きいものと言うべきである。そのためにこそすべての弁護士会にADR制度を設置し，震災ADRが切り開いた利用者のための制度の改善を推進し，なおかつよりよい解決を目指して仲裁・和解あっせん技術を向上させていくことが急務であるといえる。

　平成24年6月2日

　　　　　　　　　　　　仙台弁護士会
　　　　　　　　　　　　プレシンポジウム準備運営プロジェクトチーム

巻末資料

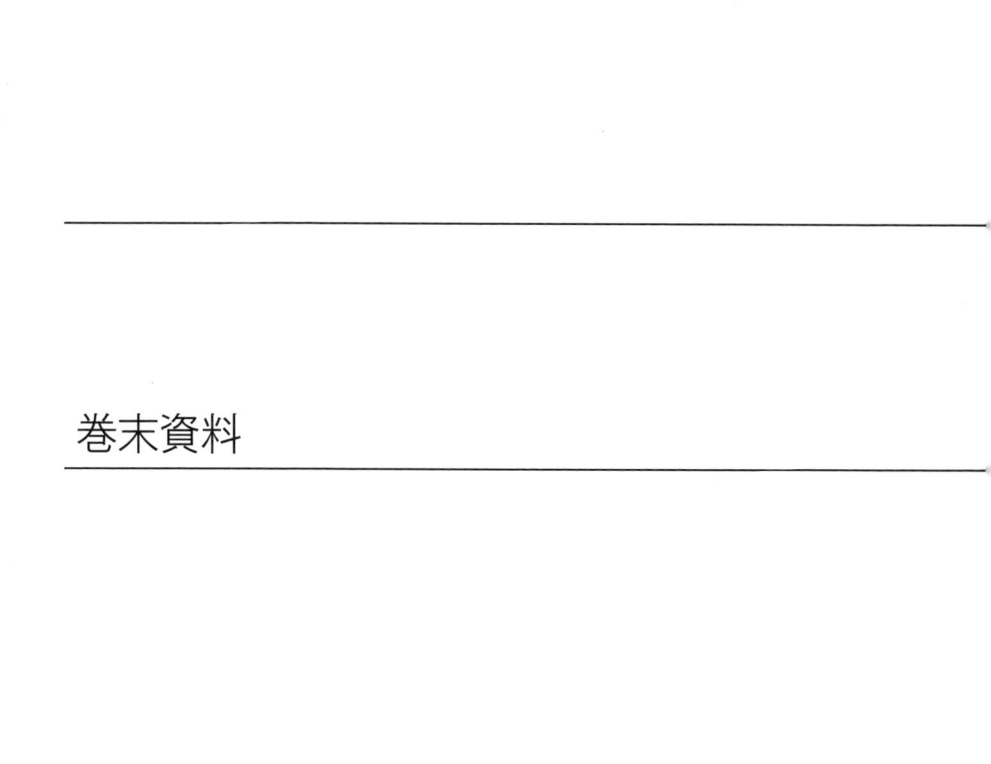

仙台弁護士会紛争解決支援センター規則

第1章　総　　則

（目的）

第1条　本会は，市民のために民事紛争の迅速適正な解決を行い，もって基本的人権の擁護及び社会正義の実現に資することを目的として，仙台弁護士会紛争解決支援センター（以下「センター」という。）を設置する。

（事業）

第2条　センターは，前条の目的を達成するため，次に掲げる事業を行う。
　一　民事紛争についての和解のあっせん及び仲裁
　二　センターの行う事業の広報活動
　三　センターの行う事業に関する調査・研究・研修活動
　四　他のADR機関（裁判外紛争解決機関）との連携・協力活動
　五　その他センターの目的を実現するために必要な事業

（組織）

第3条　センターの運営は，紛争解決支援センター運営委員会（以下「運営委員会」という。）が行う。
2　運営委員会の委員は，40人以内とする。
3　運営委員会には，委員の互選により，委員長，副委員長及び事務局長各一名を置く。
4　委員長は，センター長を務め，センター及び運営委員会を総理する。
5　副委員長は，委員長を補佐し，委員長に事故あるときは，その職務を行う。
6　事務局長は，センターの事務を統括する。

（手続細則）

第4条　運営委員会は，センターの運営，事務処理及び苦情処理その他必要な事項について，常議員会の議決を経て，別に細則を定めることができる。

第2章　仲裁人等の選任等

（仲裁人）

第5条　仲裁人は，和解のあっせん及び仲裁を行う。
2　センターは，仲裁人候補者の中から仲裁人を選任することとし，その選任方

法は，別に細則をもって定める。
(仲裁人候補者)
第6条　会長は，常議員会の議決を経て，次の各号のいずれかに該当する者の中から，人格が高潔で識見が高い者を仲裁人候補者として委嘱する。
　一　本会会員であって弁護士の登録期間が5年を超える者
　二　前号以外の者で，会長が仲裁人として相当であると特に認めた者
2　仲裁人候補者の任期は，1年とする。ただし，再任を妨げない。
3　運営委員会は，第1項により会長が委嘱した仲裁人候補者を仲裁人候補者名簿に登録し，これをセンターに備え付ける。
(専門委員及び専門委員候補者)
第7条　専門委員は，仲裁人を補佐する。
2　会長は，民事紛争の解決に必要な専門分野の知識を有する者の中から専門委員候補者を委嘱する。
3　センターは，必要と認めた場合には，専門委員候補者の中から専門委員を選任することとし，その選任方法は，別に細則をもって定める。
(仲裁人補助者及び仲裁人補助者候補者)
第7条の2　仲裁人補助者は，仲裁人を補佐する。
2　会長は，本会会員であって弁護士の登録期間が1年を超える者の中から仲裁人補助者候補者を委嘱する。
3　仲裁人補助者候補者の任期は，1年とする。ただし，再任を妨げない。
4　運営委員会は，第2項の規定により会長が委嘱した仲裁人補助者候補者を仲裁人補助者候補者名簿に登録し，これをセンターに備え付ける。
5　センターは，必要と認めた場合には，仲裁人補助者候補者の中から仲裁人補助者を選任することとし，仲裁人補助者の選任方法は，別に細則をもって定める。

第3章　仲裁人等の責務

(基本的責務)
第8条　仲裁人，専門委員及び仲裁人補助者は，第1条の目的を達成するため，公平かつ公正な立場に立って，当事者双方から事実関係を聴取し，あっせん案を提示する等して手続を進め，迅速かつ適正に紛争を解決するよう努めなければならない。
(研修参加義務)

第9条　仲裁人候補者及び仲裁人補助者候補者は，センターが指定する研修に参加しなければならない。

（守秘義務）

第10条　運営委員会委員，仲裁人，専門委員及び仲裁人補助者は，職務上知り得た秘密を漏洩してはならない。その職を退いた後も，同様とする。

第4章　会　　計

（会計制度）

第11条　センターの運営のため紛争解決支援センター特別会計（以下「特別会計」という。）を設ける。

（資金）

第12条　特別会計の資金は，次を掲げるものをもってこれにあてる。
　一　手数料
　二　寄付金
　三　一般会計よりの繰入金
　四　その他センターの行う業務よりの収入

（他の会計への繰入）

第13条　特別会計から他の会計への繰入については，総会の決議によりこれを行う。

附　則

1　この規則は，日本弁護士連合会の承認があった日（平成18年1月19日）から施行する。
2　この規則の施行後最初に選任される仲裁人候補者及び専門委員候補者の任期は，2007（平成19）年3月31日までとする。

附　則

第3条第2項及び第4条の改正規定は，日本弁護士連合会の承認があった日（平成20年4月17日）から施行する。

附　則

第2章の章名，第6条第2項，第7条の2（新設），第8条，第9条及び第10条の改正規定は，日本弁護士連合会の承認があった日（平成23年1月20日）から施行

する。

附　則

第3条第2項の改正規定は，日本弁護士連合会の承認を得て，平成23年4月1日から施行する。

仙台弁護士会紛争解決支援センター手続細則

第1章　総　　則

（目的）
第1条　この細則は，仙台弁護士会紛争解決支援センター（以下「センター」という。）における和解あっせん及び仲裁に関する手続について必要な事項を定める。
（手続主宰者・合議制）
第2条　センターにおける手続は，和解あっせん人又は仲裁人（以下「仲裁人」と総称する。）により行う。
2　弁護士でない仲裁人は，弁護士である仲裁人との2人以上の合議体によらなければ手続を行うことはできない。
（仲裁人の選任）
第3条　センターは，仲裁人候補者名簿（以下「名簿」という。）に登録された仲裁人候補者から，事件の専門性及び緊急性等を考慮し，仲裁人を選任する。
2　当事者は，合意によって，名簿に登録された仲裁人候補者の中から特定の仲裁人を希望することができる。この場合，センターは当事者の希望を尊重し，前項の選任を行う。
3　仲裁人候補者は，センターから仲裁人への就任依頼があったときは，自己の公正性又は独立性に疑いを生じさせるおそれがあると判断する事実を開示しなければならない。仲裁人は，手続の進行中に，自己の公正性又は独立性に疑いを生じさせるおそれがあると判断する事実のうち開示していない事実があると判断したときは，当事者及びセンターに開示しなければならない。
（仲裁人の忌避）
第4条　当事者は，仲裁人に次に掲げる事由があるときは，センターに当該仲裁人の忌避を申し立てることができる。

一　仲裁人の公正性又は独立性を疑うに足りる相当な理由があるとき。
　二　仲裁の場合において，当事者の合意により定められた仲裁人の要件を具備しないとき。
２　前項の申立をしようとする当事者は，前項に掲げる事由を知った日から15日以内に，忌避の原因を記載した申立書をセンターに提出しなければならない。
３　前項の申立書が提出されたときは，センターは，紛争解決支援センター運営委員会（以下「運営委員会」という。）の委員に調査させたうえ，忌避の理由の有無につき決定しなければならない。

（専門委員）
第５条　センターは，交通事故紛争，医事紛争，建築紛争その他専門的判断が必要と認められる事件について，相当と認めるときは，専門委員候補者の中から専門委員を選任することができる。
２　専門委員は，仲裁人の指示により次に掲げる職務を行う。
　一　期日の立会い
　二　仲裁人の指示する事項についての調査及び意見具申
　三　その他仲裁人が必要と認める事項
３　第３条第３項の規定は，専門委員について準用する。

第５条の２　センターは，事案の内容により，必要と認めた場合は，仲裁人補助者候補者名簿に登載された仲裁人補助者候補者の中から，仲裁人補助者を選任し，仲裁人の職務の補佐を行わせることができる。
２　仲裁人補助者は，仲裁人の指示により次に掲げる職務を行う。
　一　期日の立ち会い
　二　仲裁人の指示する事項についての調査，意見具申及び事務手続補助
　三　その他仲裁人が必要と認める事項
３　第３条第３項，第４条，第35条及び第36条の規定は，仲裁人補助者について準用する。この場合において，第３条第３項，第４条，第35条及び第36条中「仲裁人候補者」とあるのは「仲裁人補助者候補者」と，「仲裁人」とあるのは「仲裁人補助者」と読み替えるものとする。

第２章　和解あっせん手続

（和解あっせん手続の申立）
第６条　和解あっせんの申立は，次に掲げる場合にすることができる。
　一　仙台弁護士会（以下「本会」という。）所属の弁護士による法律相談を経て

担当弁護士の紹介がある場合
　二　弁護士である代理人が申し立てる場合
　三　その他センターが相当と認める場合
２　和解あっせんの申立をしようとする者は，次に掲げる書類をセンターに提出し，別に定める申立費用を現金で又は振込によりセンターに納付しなければならない。
　一　和解あっせん申立書
　二　紹介書（前項第２号の場合を除く。）
　三　申立を基礎づける証拠がある場合は，その証拠書類の写し
　四　当事者が法人である場合は，その代表者の資格を証する書類
　五　法定代理人が申し立てる場合は，戸籍謄本その他代理権を証する書類
　六　代理人が申し立てる場合は，委任状
３　前項第１号の和解あっせん申立書（以下この章において「申立書」という。）には次に掲げる事項を記載しなければならない。
　一　当事者の氏名（弁護士であって，職務上の氏名を使用している者の場合には，職務上の氏名をいう。以下同じ。）・住所（法人の場合は，名称・所在地・代表者）
　二　代理人がある場合は，代理人の氏名・住所
　三　申立の趣旨
　四　申立の理由及び立証方法
４　申立書及び証拠書類の写しの提出通数は，センター又は仲裁人の定めるところによる。
５　仲裁人候補者は，第１項第１号及び第３号の場合，円滑かつ的確に審理を開始するため，直ちに，申立書を提出した者（以下「申立人」という。）と面接する等して次に掲げる手続（以下「申立人プレ審理」という。）を行う。
　一　和解あっせんに相応しい事案か否かを見極め，必要な助言・指導をする。
　二　紛争の要点を把握する。
　三　申立書の補正について必要な助言・指導をする。

（申立の変更）
第７条　申立人は，仲裁人が申立の変更を承認した場合には，申立の変更をすることができる。

（代理）
第８条　当事者は，仲裁人の許可を得て，弁護士でない者を代理人とすることが

できる。

(申立の受理)

第9条　センターは，申立が適式になされたときは，次項の不受理の場合を除き，申立を受理しなければならない。

2　センターは，申立人が第6条第5項に定める仲裁人の助言・指導に従わない場合，受理しないことができる。

3　センターは，第1項により受理した申立について，事案の内容等からみて明らかに和解あっせんに適しないと判断した場合，和解あっせんの相手方（以下「相手方」という。）を呼び出すことなく申立を却下することができる。

4　前二項の申立不受理又は申立却下の場合，センターは，申立人に対し，第6条第2項の申立手数料を返還する。

(手続の開始)

第10条　センターは，申立の受理後，速やかに，第3条の規定に従い，仲裁人を選任する。

2　センターは，手続開始後，速やかに，仲裁人の氏名，期日，場所その他必要な事項を，期日までに相当な期間をおいて当事者に通知しなければならない。

3　センターは，相手方に対して，第1回期日までに回答書の提出を求めることができる。

4　仲裁人は，必要に応じて，相手方に対し，手続の説明をし，期日に出席するよう促すものとする。

5　仲裁人は，第1回期日に先立ち，円滑かつ的確な審理を開始するために，相手方と面接する等して相手方の事情や言い分を聴取して紛争の要点を把握するとともに，相手方が審理に適切に対応できるよう助言・指導する。

(回答書の記載事項)

第11条　回答書には，次に掲げる事項を記載する。

一　当事者の氏名・住所（法人の場合は，名称・所在地・代表者）

二　代理人を付すときは，代理人の氏名・住所

三　相手方の主張

四　立証方法

(反対請求)

第12条　相手方は，仲裁人の審理終了宣言前に限り同一の事件から生ずる反対請求の申立を行うことができる。

2　前項の反対請求は，特別の事情がない限り，申立人に係る和解あっせん事件

と併合して審理する。

3　反対請求の申立については，第6条（第1項を除く。）から第9条までの規定を準用する。

（和解あっせんから仲裁への移行）

第13条　和解あっせんの手続中に，当事者からセンター所定の仲裁合意書の提出があったときは，この細則の定めるところにより，仲裁の手続に移行する。

2　センターは，当事者の指名によって新たな仲裁人が選任された場合を除き，従前の仲裁人を選任することを妨げない。

（和解あっせんの終了）

第14条　和解あっせん手続において，申立人が申立の取下書を提出したときは，手続は終了する。

2　仲裁人は，次のいずれかの事由がある場合には，和解あっせん手続を終了することができる。
　一　相手方があっせんを拒み，又は相手方があっせんに応じる意思がないと認められるとき。
　二　当事者の一方又は双方が，期日に出席しないとき。
　三　当事者双方が，仲裁人の調査に協力しないとき。
　四　事案が和解あっせんに適しないと仲裁人が判断したとき。
　五　手数料その他手続に要する費用を当事者の一方又は双方が納付しないとき。

（手続の期間）

第15条　仲裁人は，原則として，3回以内の期日で，かつ，申立受理日より3か月以内にその審理を結了し，仲裁合意がある場合は，審理終了後2週間以内に仲裁判断を示すものとする。ただし，事案が複雑である場合，多数当事者の関与する事案である場合その他相当の理由がある場合は，この限りでない。

（期日の準備）

第16条　仲裁人は，期日外であっても，当事者に対して，事実の究明に必要な主張の整理，補充，証拠書類の提出その他必要な準備を求めることができる。

（期日の場所・時間）

第17条　仲裁人は，手続を本会会館において行う。ただし，必要がある場合，仲裁人は任意の場所において行うことができる。

2　本会会館において手続を行うときは，本会の業務時間内に行う。

3　仲裁人が必要と認めた場合には，夜間，休日又は祝祭日においても期日を開催することができる。この場合においては，本会会館以外の適当な場所におい

て開催する。

(期日の開催)

第18条　期日は，当事者双方の出席のもとに非公開で開催する。ただし，当事者の一方が欠席しても次回期日以降に出席する可能性があるときは，他方の当事者のみの出席のもとに開催することができる。

(審理)

第19条　仲裁人は，期日において，原則として，当事者を双方同席させて審理を行う。ただし，仲裁人は，相当と認めるときは，当事者を交互に別席のもとに審理を行うことができる。

2　仲裁人は，期日において証拠を調査し，証人から事情聴取し，その他必要な調査を行うことができる。

(利害関係人)

第20条　和解あっせんの結果に利害関係を有する者は，当事者双方の同意がある場合，仲裁人の許可を得て，手続に参加することができる。

2　仲裁人は，相当と認める場合，当事者双方の同意を得て，和解あっせんの結果に利害関係を有する者に対し，手続に参加するよう求めることができる。

3　仲裁人は，前二項に基づいて参加する者に対し，別に定める参加申出書その他必要な書類を提出させることができる。

(調書)

第21条　仲裁人は，期日毎に期日調書を作成し，署名しなければならない。

2　前項の期日調書には，日時，場所，出席者の氏名及び期日の概要を記載する。

(和解勧試)

第22条　仲裁人は，和解あっせん手続の進行の程度を問わず，紛争の全部又は一部につき和解を試みることができる。

(和解契約書の作成)

第23条　手続において，和解により紛争が解決したときは，仲裁人は，当事者双方に和解契約書に署名・押印させたうえ，立会人として，これに署名する。

2　当事者は，前項の和解契約書中に，紛争の価額及び成立手数料の負担割合に関する定めを記載しなければならない。

(和解契約書の送達)

第24条　和解契約書の写しは，当事者に対し次のいずれかの方法により送達する。

一　配達証明付書留郵便

二　当事者に対する直接交付

2　前項の送達は，原則として，和解あっせん手数料その他和解あっせんに要する費用全額が支払われた後に行う。

第3章　仲裁手続

（仲裁手続の申立）
第25条　当事者は，第2章に定める和解あっせん手続において仲裁合意を行った場合には，センターに対し仲裁の申立を行うことができる。
2　仲裁を申し立てようとする者は，センター所定の仲裁合意書を提出しなければならない。

（準用）
第26条　第7条から第21条までの規定は，仲裁の性質に反しない限り，仲裁の手続について準用する。

（和解による解決と仲裁判断書の作成）
第27条　仲裁の手続において，和解により紛争が解決したときは，仲裁人は，当事者双方に和解契約書に署名・押印させたうえ，立会人として，これに署名する。
2　当事者は，前項の和解契約書中に，紛争の価額及び成功手数料の負担割合に関する定めを記載しなければならない。
3　仲裁人は，仲裁の手続において，和解が成立し，かつ，当事者の申立があるときは，当該和解における合意を内容とする決定をすることができる。この場合，仲裁人は第29条の規定に従って決定書を作成し，かつ，これに和解に基づく仲裁判断であることを表示しなければならない。

（仲裁手続における仲裁人の権限）
第28条　仲裁人は，仲裁合意の存否又は効力に関する主張についての判断その他自己の仲裁権限の有無についての判断を示すことができる。
2　当事者が，仲裁手続において，仲裁人が仲裁権限を有しない旨の主張をするときは，その原因となる事由が仲裁手続の進行中に生じたものであるときは，速やかに，その他の場合にあっては当該事実について最初の主張書面の提出のときまでにしなければならない。ただし，仲裁人が主張の遅延について正当な理由があると認めるときは，この限りでない。

（仲裁判断書の作成及び記載事項）
第29条　仲裁人は，仲裁判断をしたときは，仲裁判断書を作成し，署名押印しなければならない。合議体による仲裁の場合は，過半数の仲裁人が署名し，他の

仲裁人の署名がないことの理由を記載すれば足りる。
2　前項の仲裁判断書には，次に掲げる事項を記載しなければならない。ただし，第4号及び第5号の事項については，当事者がこれを記載することを要しない旨合意している場合には，この限りでない。
　一　当事者の氏名・住所（法人の場合は，名称・所在地・代表者）
　二　代理人がある場合は，代理人の氏名・住所
　三　主文
　四　紛争の価額及び仲裁成立手数料の負担割合
　五　判断の理由
　六　審理結了の年月日
　七　判断の年月日
　八　仲裁地

（仲裁判断書の送達）
第30条　仲裁判断書の写しは，当事者に対し次のいずれかの方法により送達する。
　一　配達証明付書留郵便
　二　当事者に対する直接交付
2　前項の送達は，原則として，仲裁手数料その他仲裁に要する費用全額が支払われた後に行う。

第4章　合議体による特則

（合議体の長）
第31条　合議体による手続きを行う場合には，仲裁人は，合議体の長である主任仲裁人を互選する。
2　主任仲裁人は，期日を主宰する。

（手続等の方式）
第32条　合議体による手続を行う場合は，手続及び判断に関する事項は，評議を経て，合議体構成員の過半数による採決により行う。ただし，合議体構成員が偶数の場合で過半数による裁決で決せられない場合には，主任仲裁人の判断に従う。

第5章　手数料及び費用

（手数料及び費用）
第33条　当事者がセンターに納付する手数料及び費用は，紛争解決支援センター

手数料細則で定める。

第6章　仲裁人及び専門委員等

（仲裁人の受任義務）
第34条　第3条の規定により選任された仲裁人は，事件について利害関係のある場合その他特別の支障がある場合を除き，受任を拒否することができない。

（仲裁人及び専門委員の辞任）
第35条　仲裁人又は専門委員は，病気等によりその職務を遂行することが困難となったとき，当事者と利害関係を有することが判明したときその他正当な理由があるときは，センターの承諾を得て，辞任することができる。

（仲裁人及び専門委員の解任）
第36条　仲裁人又は専門委員が病気等によりその職務を遂行することが不能又は困難となったとき，当事者と利害関係を有することが判明したときその他正当な理由があるときは，センターは，当事者双方の意見を聴いたうえ，当該仲裁人又は専門委員を解任することができる。

（欠員の場合の処置）
第37条　仲裁人又は専門委員が，死亡又は第4条若しくは前二条の規定により欠員となった場合には，センターは，速やかに，必要な仲裁人又は専門委員を選任する。この場合の仲裁人又は専門委員の選任については，第3条から第5条までの規定を準用する。

（仲裁人の報告義務）
第38条　仲裁人は，手続終了後速やかに，和解契約書，仲裁判断書等仲裁事件の終結結果を示す文書を添えて，センターに報告書を提出しなければならない。
2　仲裁人は，手続途中であっても，センターから求められた場合は，手続の経過を報告しなければならない。

（仲裁人に対する報酬）
第39条　仲裁人が仲裁判断を行ったとき及び和解を成立させたときは，センターは，仲裁人に対し，成立報酬として金5万円（消費税は別）を支払う。
2　センターは，事案の内容により，成立報酬を増減することができる。

（専門委員に対する報酬）
第40条　センターが専門委員に支払う報酬は，次に掲げる金額とする。
　一　期日日当として一期日（半日）1万円（消費税は別）
　二　意見書作成手数料として3万円（消費税は別）

2　センターは，事案の内容により，仲裁人の意見に基づき，専門委員の報酬を増減することができる。

（期日手当）

第41条　事件が仲裁判断又は和解成立に至らず終了したか否かを問わず，センターは，仲裁人に対し，期日手当を支払う。

2　期日手当は，一期日（当事者双方が出頭しない等のため期日が開催されず，かつ，当該期日に仲裁人が開催場所に待機したときを含む。）につき1万円（消費税は別）とする。

3　第6条第5項の場合において，仲裁人候補者が申立人と面談するも申立受理に至らなかったとき又は申立受理に至ったものの第1回審理期日が開かれなかったときは，センターは，仲裁人候補者に対し，前項の期日手当を支払う。

（旅費等）

第42条　センターは，仲裁人及び専門委員に対し，センターの定める旅費等の実費を支払う。

（仲裁人補助者に対する期日手当等）

第43条　センターは，仲裁人補助者に対し，期日手当として，一期日（当事者双方が出頭しない等のため期日が開催されず，かつ，当該期日に仲裁人補助者が開催場所に待機したときを含む。）につき5000円（消費税は別）を支払う。

2　センターは，第41条第3項に規定する場合は，面談に立ち会った仲裁人補助者候補者に対して前項の期日手当を支払う。

3　前条の規定は，仲裁人補助者に対する旅費について準用する。

第7章　その他

（書類の送付等）

第44条　和解あっせん及び仲裁に関する次に掲げる書類は，当事者の受領書又は受領印と引き換えに交付する場合を除き，センターが，当事者の住所又は当事者が特に指定した場所に宛てて送達する。

　一　和解あっせん申立書及び仲裁申立書
　二　回答書
　三　和解契約書
　四　仲裁判断書（第27条第3項の決定書を含む。）

2　期日の通知その他手続に必要な事項の通知は，センターが，口頭，書面その他適宜の方法により行うことができる。

（記録の閲覧等）
第45条　和解あっせん及び仲裁に関する事件記録中，前条第1項各号の書類，手続において双方当事者に開示された書類は，当事者に限り閲覧・謄写をすることができる。
2　事件記録は，前項に定める場合のほか一切開示しない。ただし，裁判所からの調査嘱託，送付嘱託等法令に基づき請求がある場合において，センターが開示を相当とするときは，前項の書類に限り開示することができる。
（仲裁法との関係）
第46条　手続は，この細則に定めるところにより行い，この細則に定めのない事項については，仲裁法（平成15年法律第138号）の定めるところによる。
（責任保険）
第47条　本会は，仲裁人候補者及び本会を被保険者とする弁護士賠償責任保険に加入するものとする。

　　附　則

この細則は，日本弁護士連合会の承認があった日（平成18年3月16日）から施行する。

　　附　則

第6条，第40条第1項第2号及び第45条第1項の改正規定は，日本弁護士連合会の承認があった日（平成20年4月17日）から施行する。

　　附　則

第6条第3項第1号の改正規定は，日本弁護士連合会の承認を得て，平成22年12月1日から施行する。

　　附　則

目次，第5条の2（新設），第6条の章名及び第43条の改正規定は，日本弁護士連合会の承認があった日（平成23年1月20日）から施行する。

　　附　則

第39条第1項の改正規定は，日本弁護士連合会の承認を得て，平成25年4月1日から施行する。

仙台弁護士会紛争解決支援センター手数料細則

(手数料の内容)
第1条　仙台弁護士会紛争解決支援センター手続細則(以下「手続細則」という。)第33条に定める手数料は，申立手数料，相手方手数料及び成立手数料とする。
2　この細則に定める手数料の額は，消費税法(昭和63年法律第108号)に基づく消費税を含まない。

(申立手数料)
第2条　申立人は，和解あっせん申立時に仙台弁護士会紛争解決支援センター(以下「センター」という。)に対し，申立手数料として申立1件につき2万円を納付する。
2　申立手数料の取扱いは次に掲げるとおりとする。
　一　第1回期日開催後は，申立手数料は返還しない。
　二　申立受理後第1回期日前に申立てが取下げられた場合又は相手方が審理に応諾しなかった場合は，受領した申立手数料の半額を返還する。
3　申立人が，申立時に，経済的事情(生活保護受給中又はそれに準ずる経済的状況にある場合をいう。以下同じ。)により第1項の申立手数料を納付することができない場合は，センターは，申立人の申出に基づき，納付期限を猶予し，又は申立手数料を減額若しくは免除することができる。

(相手方手数料)
第3条　相手方は，センターによる和解あっせんの審理に応ずる場合には，センターに対し，第1回審理期日までに，相手方手数料として1万円を納付する。
2　相手方手数料は，第1回審理期日開催後は返還しない。
3　相手方が，経済的事情により第1項の相手方手数料を納付することができない場合又は事案の性質等により相手方に第1項の相手方手数料を納付させることが相当でない場合は，センターは，相手方の申出に基づき，納付期限を猶予し，又は相手方手数料を減額若しくは免除することができる。

(成立手数料)
第4条　申立人及び相手方は，和解が成立した場合又は仲裁判断がなされた場合には，和解契約書又は仲裁判断書に解決額として示された経済的利益の額を紛争の価額として，次に定める基準に基づき算出した成立手数料をそれぞれ半額ずつセンターに納付する。ただし，1000円未満の端数は切り捨てるものとする。

一　紛争の価額100万円以下の場合　　8％
　二　100万円を超え300万円以下の場合　　5％に3万円を加えた額
　三　300万円を超え3000万円以下の場合　　1％に15万円を加えた額
　四　3000万円を超える場合　　0.5％に30万円を加えた額
2　センターは，経済的利益の額が明確でない事案については，仲裁人及び当事者の意見を聴いて，紛争の価額を算定する。
3　センターは，事案の難易，審理期間，和解・仲裁判断条項における債務の履行期間，審理終結時における当事者の経済的事情等を勘案して，仲裁人の意見を聴いて，成立手数料を減額若しくは免除し，又は30％の範囲内で増額することができる。
4　当事者は，合意によって，第1項に定める負担割合を変更することができる。
5　仲裁手続の場合，仲裁人は，事案の性質等に応じ第1項に定める負担割合を変更することができる。
6　当事者は，成立手数料を，和解契約書又は仲裁判断書の送達前に納付しなければならない。ただし，センターが相当と認めるときは，この限りでない。
7　審理が開始された後，申立人及び相手方との間で同一事件について裁判外の和解が成立した場合において，その内容が実質上センターの和解あっせんによるものと認められるときは，申立人及び相手方は第1項に定める成立手数料を納付しなければならない。ただし，その成立手数料額を定めるに当たっては，第2項及び第3項の規定を準用する。

（出張日当・旅費等の負担）
第5条　センターは，仲裁人・専門委員が審理期日又はセンターの了解を得て審理期日以外の日に現場検証等のために出張した場合，仲裁人・専門委員に対し次に掲げる旅費等（この場合においては，仙台弁護士会旅費細則の規定を準用する。）及び日当（手続細則第40条及び第41条に定める期日手当を含む。）を支払うこととし，それらの支払について当事者に対し負担を求めることができる。
　一　旅費・宿泊費の実費
　二　出張時間が往復4時間以内のときは，日当として2万円
　三　出張時間が往復4時間を超えるときは，日当として3万円

附　則

この細則は，日本弁護士連合会の承認を得て，2006（平成18）年4月1日から施行する。

附　則

この細則は，日本弁護士連合会の承認があった日（平成20年3月13日）から施行し，2006（平成18）年4月1日から適用する。

附　則

第2条第2項，第3条並びに第4条第2項及び第3項の改正規定は，日本弁護士連合会の承認があった日（平成21年9月17日）から施行する。

仙台弁護士会紛争解決支援センター手続細則の特則を定める細則

（目的）
第1条　この細則は，東日本大震災（以下「震災」という。）の被災者を当事者とする民事紛争であって，震災を原因とするもの（以下「本件紛争」という。）に係る仙台弁護士会紛争解決支援センター（以下「センター」という。）における和解のあっせんの手続（仲裁の手続を含む。以下同じ。）について，簡易，迅速，適正かつ低額に解決することができるよう，仙台弁護士会紛争解決支援センター手続細則（以下「手続細則」という。）及び仙台弁護士会紛争解決支援センター手数料細則（以下「手数料細則」という。）の特則を定め，もって被災地の復興の支援に資することを目的とする。

（和解あっせん手続の申立てに関する特則）
第2条　本件紛争に係る事案について手続細則第6条第2項に規定する和解あっせんの申立てをしようとする者は，同項の規定にかかわらず，申立費用を納付することを要しない。
2　前項の規定による申立て（以下「本件申立て」という。）については，手続細則第6条第2項に規定する申立てに必要な書類のいずれか又は全てが提出されていなかった場合であっても，後日追完されれば足りるものとする。この場合において，当該申立てが他の要件を満たすものであるときは，手続細則第9条第1項の規定の適用に当たっては，当該申立ては適式になされたものとみなす。
3　センターは，本件申立てについては，申立人のために和解あっせん申立書の作成を代行することができる。

（申立てサポート弁護士）

第3条　センターは，前条第3項に規定する申立書の作成代行を担当させるため，紛争解決支援センター運営委員会の委員の中から申立てサポート弁護士を選任する。
2　センターは，申立てサポート弁護士に対し，1週間につき2万円（消費税を除く。）以内であって，会長が相当と認める金額を支給することができる。
（手数料細則の適用に関する特則）
第4条　手続細則第33条の規定にかかわらず，当事者が納付する本件申立てに係る和解あっせんの手続の手数料及び費用については，この条及び第8条の定めるところによるものとし，手数料細則の規定は，適用しない。
2　本件申立てに係る和解あっせんの手続について，センターが徴収する手数料は，成立手数料とする。
3　本件申立てに係る和解あっせんの手続について，センターが徴収する手数料の額は，消費税法（昭和63年法律第108号）に基づく消費税を含まない。
4　本件申立てに係る和解あっせんの手続の申立人及び相手方は，和解が成立した場合又は仲裁判断がなされた場合には，和解契約書又は仲裁判断書に解決額として示された経済的利益の額を紛争の価額として，次の各号に掲げる紛争の価額の区分に従い，当該各号に定める計算方法により得た金額を成立手数料とし，それぞれ半額ずつをセンターに納付するものとする。ただし，1000円未満の端数は切り捨てるものとする。
　一　100万円以下の額　紛争の価額の4パーセントの額
　二　100万円を超え300万円以下の額　紛争の価額の2パーセントの額に2万円を加えた額
　三　300万円を超え3000万円以下の額　紛争の価額の1パーセントの額に5万円を加えた額
　四　3000万円を超える額　紛争の価額の0.5パーセントの額に20万円を加えた額
5　センターは，本件申立てに係る事案について，経済的利益の額が明確でない場合には，仲裁人及び当事者の意見を聴いて，紛争の価額を算定する。
6　センターは，本件申立てに係る事案について，事案の難易，審理期間，和解・仲裁判断条項における債務の履行期間，審理終結時における当事者の経済的事情等を勘案して，仲裁人の意見を聴いて，成立手数料を減額し，若しくは免除し，又は30パーセントの範囲内で増額することができる。
7　当事者は，合意により，第4項に規定する負担割合を変更することができる。
8　仲裁人は，本件申立てに係る和解あっせんの手続が仲裁の手続である場合に

は，事案の性質等に応じ，第4項に規定する負担割合を変更することができる。
9 当事者は，本件申立てに係る和解あっせんの手続の成立手数料を，和解契約書又は仲裁判断書の送達前に納付しなければならない。ただし，センターが相当と認めるときは，この限りでない。
10 本件申立てに係る和解あっせんの手続について審理が開始された後，申立人及び相手方との間で同一事件につき裁判外の和解が成立した場合であって，その内容が実質的にセンターの和解あっせんによるものと認められる場合には，申立人及び相手方は，第4項に規定する成立手数料を納付しなければならない。ただし，当該成立手数料の額を定めるに当たっては，第5項及び第6項の規定を準用するものとする。

（仲裁人に対する報酬）
第5条 センターは，仲裁人が本件申立てに係る和解あっせんの手続について仲裁判断を行ったとき及び和解を成立させたときは，手続細則第39条の規定にかかわらず，仲裁人に対し，成立報酬として金4万円（消費税を除く。）を支払う。
2 前項の規定にかかわらず，センターは，事案の内容により，前項の成立報酬を増減することができる。

（仲裁人及び仲裁人補助者に対する期日手当）
第6条 センターは，本件申立てに係る和解あっせんの手続における仲裁人の期日手当については，手続細則第41条第1項及び第2項の規定に基づいて支払うものとする。
2 センターは，本件申立てに係る和解あっせんの手続における仲裁人補助者の期日日当については，手続細則第43条第1項の規定に基づいて支払うものとする。

（専門委員に対する報酬）
第7条 センターは，本件申立てに係る和解あっせんの手続における専門委員の報酬については，手続細則第40条第1項及び第2項の規定に基づいて支払うものとする。

（旅費，日当等）
第8条 センターは，本件申立てに係る和解あっせん手続において，仲裁人，仲裁人補助者又は専門委員が審理期日又はセンターの了解を得て審理期日以外の日に現場検証等のために出張した場合は，当該仲裁人，仲裁人補助者又は専門委員に対し，次の各号に掲げる旅費等の種別に応じ，当該各号に定める額を支払うものとする。この場合における日当については，前二条に規定するものの

うち，期日手当に相当するものを含まないものとする。
一　交通費及び宿泊費　仙台弁護士会旅費細則の規定により算出される実費の額
二　日当　法律相談及び弁護士紹介に関する実施細則別表Ⅱに定める調整日当の額（消費税を除く。）

附　則

1　この細則は，日本弁護士連合会の承認があった日から施行し，平成23年4月20日から適用する。
2　センターにおける和解あっせんの手続に係る事案のうち，本件紛争に係るものについては，この細則の適用の日前に申し立てられた事案についても，この細則の規定を適用する。この場合において，既に徴収した手数料等がある場合であって，第4条の規定により算出される額より多い額を徴収している場合には，その差額について，返還又は精算をするものとする。

あとがき

　平成24年6月2日，日本弁護士連合会司法シンポジウムのプレシンポジウム「震災ADR―検証と提言―」が仙台において開催されました。

　私たちは，震災後1年あまりを経過した震災ADRの経過と現状および今後の課題をありのままに伝え，後世に残していくことが，実施にあたって多大なご理解とご協力をいただいた皆様に対する恩返しであるという気持ちでシンポジウムの発表（第2部第3章「提言」参照）をさせていただきました。

　本書も，まったく同じ思いで，日本全国のより多くの方に震災ADRを知ってもらいたいということから発刊を決めたものです。私たちが，阪神淡路大震災の例を知っていたからこそ今回震災ADRを立ち上げることができたように，今後不幸にして大災害が発生した場合に，本書が1日でも早い震災ADR立ち上げ，ひいては1件でも多い紛争解決の一助となれば幸いです。

　　平成25年7月

仙台弁護士会　紛争解決支援センター運営委員会　一同

3.11と弁護士
震災ADRの900日

平成25年9月30日　第1刷発行

編著者　仙台弁護士会紛争解決支援センター
発行者　倉田　　勲
印刷所　三松堂印刷株式会社

〒160-8520　東京都新宿区南元町19
発　行　所　一般社団法人 金融財政事情研究会
　編集部　TEL 03(3355)1758　FAX 03(3355)3763
販　　売　株式会社きんざい
　販売受付　TEL 03(3358)2891　FAX 03(3358)0037
　　　　　URL http://www.kinzai.jp/

・本書の内容の一部あるいは全部を無断で複写・複製・転訳載すること、および磁気または光記録媒体、コンピュータネットワーク上等へ入力することは、法律で認められた場合を除き、著作者および出版社の権利の侵害となります。
・落丁・乱丁本はお取替えいたします。価格はカバーに表示してあります。

ISBN978-4-322-12388-3